JN063528

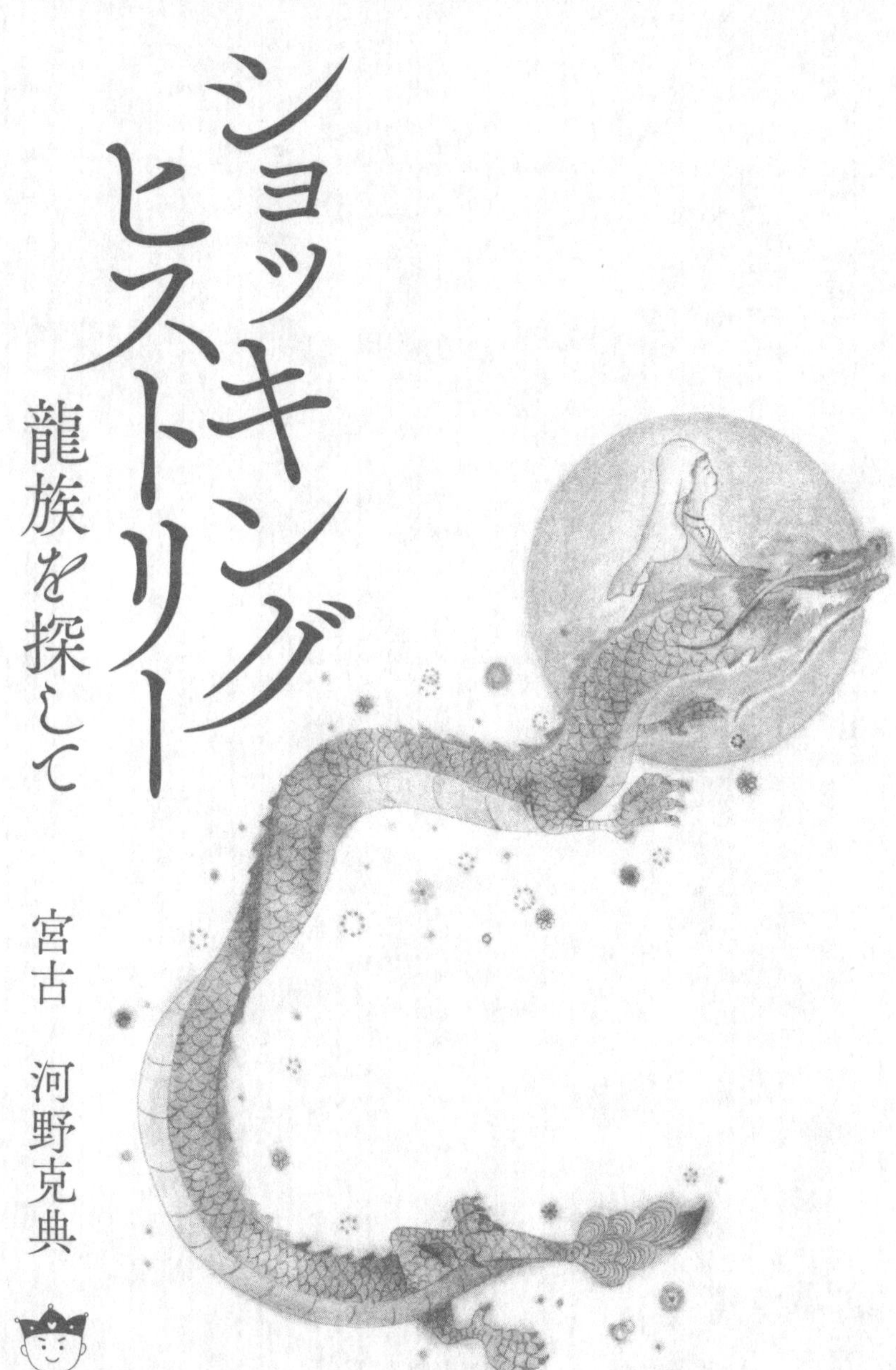
ショッキング
ヒストリー
龍族を探して
宮古
河野克典
ヒカルランド

ショッキングヒストリー　目次

第1章　木花咲耶姫とは何者なのか？

第2章　埋もれた女神の発掘

第6章 女性の名前からひもとく、知られざる歴史

第11章　令和に必要な人生観

般若心経ローマナイズ

カバーデザイン　三瓶可南子
カバーイラスト　しんやゆう子
校正　麦秋アートセンター
編集協力　宮田速記
本文仮名書体　文麗仮名（キャップス）

第1章

木花咲耶姫とは何者なのか？

自己紹介

河野克典　私は、「常陸国ふしぎ探検隊」というブログをやっている河野克典と申します。3年ぐらい前に百嶋資料に出会いました。百嶋資料には神々の系図がたくさん書いてありました。百嶋（由一郎）先生は熊本の方ですが、茨城、栃木の神社が資料にたくさん出てくるんです。鹿島神宮、香取神宮はもちろん、近くで言えば72年に1度お祭りをやる西金砂神社（茨城県）、ほんとに近くの鷲子山上神社が出てきたので、「これはもう資料を手に入れて、古代史並びに河野という名字のルーツを探ろう」ということで研究を始めました。研究に関するブログも書き始め、はや3年たちました。

宮古　スピリチュアルカウンセラーの宮古です。私は子どものころに古代史というか、神社の不思議に出会いました。私の実家は、今の自己紹介にも出てきた西金砂神社の近くにありました。72年に１度お祭りをやるというのは多分日本でこの神社ただ１つだと思うので、子どものころから不思議だなと思っていました。神社の不思議に出会って、なぜかいつの間にかスピリチュアルカウンセラーの方向にも行き始めて、主人と神社をめぐっているうちに、神社の神様の名前が全くナゾで、それを知りたいということがきっかけで古代史のほうに行きました。

「木花咲耶姫(このはなさくやひめ)」という名の由来

河野　まずは、コノハナサクヤヒメ、多分一番有名な女神様だと思うので、この女神様のお話から始めます。

宮古　コノハナサクヤヒメの名前について語っていきます。

河野　実はコノハナサクヤヒメは、皆さんが知っているこの名前だけではなくて、たくさんの名前を持っています。この名前で神社に祀(まつ)られ始めたのは江戸時代のようです。コノハナサクヤヒメが祀られている神社では、富士山の冨士浅間(ふじせんげん)神社(静岡県)が一番有名です。

宮古　「コノハナサクヤヒメ」は「木花咲耶姫」と書きます。「木花咲耶姫」のイメージは桜で、冨士浅間大社にも桜の神紋があったと思います。

河野　「木花咲耶姫」という字を分析すると、「コノハナ」の「木花」は、「木」と「花」を近づけたら「椛（かば）」になりました。

宮古　「木花咲耶姫」の「木花」は、椛の木だったんです。日本では椛の木を古代から現代までずっと使っています。現代で一番有名なのは、茶筒などの桜皮細工（樺（かば）細工）です。桜の皮がああいう細工に使われることが多いんですが、椛の木にもたくさん種類があって、細工に使われるきれいな皮がとれる桜のほかに、見たことがないかもしれませんが、ウワミズザクラ、イヌザクラがあって、この2つが相当重要なんです。

河野　ウワミズザクラは、普通の桜のように一輪ずつ咲くというイメージではありません。細かい花が寄り集まって、その集まりが虎の尾みたいな形になって垂れ下がって、藤みたいなイメージです。

宮古　イヌザクラの場合は、ウワミズザクラととても似ているんですが、枝が真っすぐ太く伸びるので、刀の柄木に使われたりしました。

河野　樺の木では、あとシラカバ（シラカンバ）が有名です。これも皮を加工していろいろ使っています。

宮古　今では忘れられてしまっているけれども、日本人は木を多用して生きてきました。古代ではウワミズザクラに溝を彫って占いをしていたようです。

河野　溝を彫ることから上溝桜（ウワミゾザクラ）になって、それがなまってウワミズザクラになりました。古代の占いというと、亀の甲羅を使う亀卜（きぼく）が行われていたと一般的には言われますが、亀を一々たくさん見つけてきて処理するのも大変なので、そのかわりにウワミズザクラを使ったようです。

宮古　ウワミズザクラによる占いの方法は、焼いたのではないかと思いますが、検索しても余り出てこないので、よくわかりません。

ただ、占いにも使われたように、桜の木は特に製鉄民にとってはとても大切でした。製鉄民は製鉄をするだけではありません。刀をつくる場合、鞘や柄といった拵えも非常に美しくつくりました。その材料として桜が多用されたんです。その意味で、日本では桜が山でとれる木の代表とされていて、そこから「木花咲耶姫」という名前が生まれたのではないかと推理しています。

河野　うちの近くに八溝山という茨城県で一番高い山があります。そこは実は日本有数の金の産地だったんです。古代に聖武天皇が奈良に大仏を建立したときに金が使われました。その金を八溝山系の那珂川町の健武山神社から持っていったという話が伝わっています。

東北の有名な金の産地から持っていったのとどっちが早いのかという話はまた別にあるんですが、とにかく八溝山は金の産地で、そこにあるのが花室神社です。花室神社の祭神がまたコノハナサクヤヒメなんです。花はもう１つ、鼻でもありますので、花室神社には天狗のお面がしっかり飾られています。そのことを発見して、コノハナサクヤヒメに関係するいろいろな神社を見ていると、鼻のイメージで、天狗のお面が飾ってある神社をまま見つけることができます。

宮古　木花咲耶姫の「咲」は、製鉄の材料である岩を裂く削岩機という意味で使われています。

河野　百嶋由一郎先生の音声データに、「『咲』は削岩機の『削』と覚えてください」と入っています。

宮古　「木花咲耶姫」という名前自体が、岩を裂いて鉱物をとる製鉄民の人たちのシンボルの女神なんです。コノハナサクヤヒメは一般的には、桜の花が咲くころに田植えをする神様として知られていますから、製鉄民の神様というのはかなりマニアックで、知らない人が多いのではないかと思います。

河野　コノハナサクヤヒメは農業神になってしまった。作神様（さくがみ）という風習が残っているところはたくさんあると思います。同じ「さく」という読み方をするので、「切り裂く神」から「作神」に変わっていって農業神になった。八溝山も、山自体が作神様ということになっていますが、本当のご神体はコノハナサクヤヒメではないかと私たちは思っています。

宮古　本当は製鉄の神であったのが、製鉄がだんだん廃れてしまって、その後に作神様という農業の神様になって、桜が咲くころに田植えをするという慣習があるらしいです。

河野　金を掘るのも「削」ですから、そういう地域ということでいいのかなと思います。

宮古　岩を裂き、根を裂くというのが、「木花咲耶姫」の名前の1つの由来です。

カムアタツヒメという名前が示す越国から九州への文化の流れ

宮古　コノハナサクヤヒメの別名は、カムアタツヒメです。「神吾田津姫」と書きます。

河野　カムアタツヒメは「神とたたえられるほどのアタの姫」という意味で、アタという言葉が重要になります。この名前が使われているのは、主に九州の鹿児島空港周辺の溝辺（みぞべ）というところです。ここにもまた「溝」が出てきます。

宮古　宮崎には吾田（あがた）神社があります。アタと言われても、関東の人には何のことか全くわからないと思いますが、九州の人はよく聞いている言葉だと思います。越智（オチ）がなまってアタになったんです。

河野　耳学問ですが、これは母音変換と言うらしいです。「オ」が「ア」になり、「チ（ti）」の「・i」を「a」にすると「ta」になり、オチからアタに変わる。

宮古　オチ、アチャ、アタというふうになまっていく。昨今、韓国ドラマで、キム・スロという人物を主人公にした話が放送されました。それで初めて日本人はキム・スロという名前を聞いたと思いますが、キム・スロの子孫にキム・オチがいて、「オチ」は実は越国、富山のあたりです。韓国と日本が関係していることがわかってくると思うんですが、コノハナサクヤヒメの別名カムアタツヒメが九州で使われる前には、越智族が越国にいた。越智族はすごく重要な人たちです。

河野　キム・スロの「キム」は「金」と書きます。金さんはキム・スロの系統になります。

宮古　私たちは九州から文化が伝搬したと思っていますが、九州から伝搬したのは一部のことであって、北海道のロシア方面から来た人たちとか、渤海(ぼっかい)から日本海を越えて富山に入って、富山から文化が九州のほうに渡っているということが、アタ、オチという名前からわかり始めています。朝鮮、九州から文化とかいろいろなものが日本列島に入ってきたという今までの説を覆す説を、これから唱えたいと思っているんです。

河野　大きく分けると、人や文化の流れは西から東というのが今までの常識です。ただ、アカデミズムでは、①樺太から北海道経由で入ってくるグループ、②台湾、沖縄、鹿児島と南のほうから入ってくるグループ、③朝鮮半島から入ってくるグループ、④朝鮮半島を経由せず直接中国大陸から入ってくるグループ、この4つの流れが考えられているようです。今は、朝鮮半島から九州に来て、神武東征によって九州経由で東に来たという、ありきたりのことが信じられていますが、我々は、そうではなくて、4方向から入ってきた民族が融合して日本という文化をつくり上げてきたのではないかと思っているんです。

宮古　それに、神様の名前が変化することで、名前を呼ぶ人たちも変わっているのではないかということを調査しているんです。なので、コノハナサクヤヒメと呼ばれたり、カムアタツヒメと呼ばれたりという理由づけとして、カムアタツヒメの場合は、アタはオチで、オチは越国から来た人たちである。なぜ越国から九州に行ったのかはわかりませんけれども、その理由は後に語りたいと思います。

宇都宮に古代の都があった

宮古　神様というのは大体夫婦です。カムアタツヒメの夫は、吾田（アタノ）

速日（ハヤヒ）です。「ハヤヒ」は、ヤマトタケルの「タケル」のように、すばらしい人だな、頑張っている男だなという褒め言葉です。

河野　フィギュアスケートで村主（すぐり）さんという選手がいましたけれども、アタノスグリ（吾田村主）という人が、カムアタツヒメと同じ鹿児島の溝辺にいました。百嶋系図の中ではこの2人を夫婦にしていませんが、我々は、あとで神と思われる人たちが同じ名前で同じところにいたら、普通は夫婦だろうと独自に解釈しました。

宮古　名前は必ずなまって転化してしまいます。アタノハヤヒはアカツハヤヒ（赤津速日）に転化して、さらにアカツからアカチに変わり、アカチからキクチとかカマチという姓に転化していきました。実はキクチ姓、カマチ姓のもとは栃木県の足利です。足利氏から出た名前なんです。

河野　キクチ、カマチという名前の話は、古代ではなくて、中世以降の話になります。九州では、菊池という武将が有名ですし、菊池市もあります。それから、蒲池法子（松田聖子）さんも有名です。それらの名前は足利が大もとになっています。

宮古　足利尊氏の分家の人がキクチ、カマチ、アカチ、アカイケと名乗りました。有名なところでは、島津、それから麻生太郎さんの先祖も足利です。九州の大名は九州出身ではなくて栃木出身です。そうすると、栃木には何があったのかという疑問が湧くと思います。栃木には薬師寺がありました。その薬師寺はなぜかはわからないけれども忽然と消えてしまったんですが、古墳も栃木にはたくさんありますので、古代において東日本の栃木、宇都宮にはものすごい都があったのではないかと推測しています。今の宇都宮の奥のほう、塩原に宇都野という地名があります。

河野　那珂川の上流に箒根（ほうきね）という神社が20社ぐらいあります。その系統の大もとの宮として嶽山箒根（たけさんほうきね）神社、波波伎（ははき）神社があって、その里宮が、宇都野にあったんですが、宇都野から河内に移されたという記述が古文書にあるんです。栃木の河内は宇都宮のことで、宇都宮に移った神社が宇都宮二荒山神社（下野国一之宮）になります。「うつのみや」という地名について、一之宮を置いたところだから、「いちのみや」がなまって「うつのみや」になったという説が一般的なものとしてウィキペディアにも書いてありますが、それよりも、宇都野にあった神社を移したので「うつのみや」になったという説のほうがいいのではないか。これは我々しか言っていないと思います。

宮古　ハハキノ神のハハキは、意味は誰もわからないんですけれども、多分アラハバキに転化しているはずです。アラハバキは、皆さんは男の神様だと思っているでしょうけれども、女神です。紀元前200年ごろ、朝鮮半島、九州（熊本、鹿児島）、台湾のあたりにアラカヤ国がありました。アラカヤ国の人たちは、タカラガイをとって、タカラガイの貿易をしていました。彼らが祀っている神様がハハキで、アラの国のハハキだからアラハバキなんですが、なぜか東北の悪くて怖い王様になっちゃっているんです。

河野　アテルイとかああいう系統のものにつながっていっちゃう。後から伝承をつくるときに、女性を男性に入れかえて、どう猛な悪い人にすることで自分たちの正当性をアピールする。「悪いから滅ぼしていいんだ」という流れにつながってくるんです。

サキタマヒメとタケミカヅチ

河野　コノハナサクヤヒメには、サキタマヒメ〈埼〈前〉玉姫〉という別名もあります。

宮古　これは知っているようで知らないと思います。

河野　埼玉県行田市に埼玉(さきたま)古墳群があります。この古墳群に行くと、古墳群がある「さきたま」地域、サキタマヒメの「さきたま」が、「さいたま」の語源であるとしっかり書いてあります。埼玉古墳群は、金象嵌(きんぞうがん)の鉄剣が出土した稲荷山古墳がある、すごい古墳群ですが、そこの古墳より、茨城県の水戸の近くの内原町にある前方後円墳のほうが、規模は小さいけれども古いです。それはともかくコノハナサクヤヒメ、別名サキタマヒメが、この地区を支配と言ったらちょっと言葉が悪いんですが……。

宮古　女王様として君臨していたという感じです。

河野　コノハナサクヤヒメのご主人のアタノハヤヒ〈アタノスグリ〉は、鹿島の神のタケミカズ（ヅ）チ〈武甕雷〈槌〉〉になります。これも我々しか言っていません。「ウソだ」と言う人もたくさんいますが、我々は相当な確信を持っています。

宮古　かなり根拠を持って言っているんですが、そのことについては、ここではまだ細かく言えないんです。アメノオシホミミと言われる鹿島の神様のことは説明したいと思っているので、そうすると、ちょっとわかってくるかなという感じがします。

河野　鹿島の神様が複雑なのは、藤原氏が春日大社を創建して、アメノコヤネ、鹿島のタケミカズチ、香取のフツヌシ、ニギハヤヒ、あとヒメガミを祀っているんですが、鹿島のタケミカズチとアメノコヤネは実は同じ人物だというのが百嶋先生の解釈の仕方です。これは百嶋先生が神社をめぐってたどり着いた解釈です。我々はその考え方を踏襲しています。

タケミカズチ（武甕雷）の「みか（甕）」は、茨城県日立市に大甕（おおみか）という地名がありますけれども、すごく重要なワードです。「みか」を「mica」と書いて英語読みすると、「マイカ」になります。マイカは、雲母のことで、工学系の人だったらコンデンサーをすぐ想起すると思います。白雲母はキラキラ輝くので、雲母の古称は

「きらら」です。それが「きら星のごとく」とかそういう言葉につながっていきます。

宮古　古代では、棺の周りに張ったり、雲母を飾りとして使いました。もっと不思議なのは、ピラミッドの裏側に雲母が張ってあるんです。

河野　それはただ化粧として張ったのか、それとも未知なる技術、未知なる力を利用するための何かに使ったのか、わからないんですけれども、とにかく張ってある。「甕」については、骨を入れる壺とか、水を入れる壺とか、ただ「かめ」と思っちゃうと、話がわからなくなって、何の解釈もできなくなるんで、我々はmicaに置きかえて、雲母であると考えました。

日立の大甕から北に向かって山のほうにずっと行くと、今、話題の御岩(おいわ)神社があります。御岩神社の境内には白雲母がゴロゴロ転がっています。アポロ14号の宇宙飛行士エドガー・ミッチェルがあるときスーッと上る光を見て、その光がどこから出ているのか、後から座標を見たら、日立市の山奥の御岩神社だったという話があります。近くには日立市がつくった「きららの里」という公園があります。

もう少し有名なところだと、「松の廊下」の吉良上野介の「吉良」という名字は、大もとの意味が雲母であると言われています。愛知県のあたりの吉良上野介の領地で雲母がとれたので、その地区が吉良という地名になり、その地名からとったのが吉良という名字です。

宮古　ちなみに、吉良上野介も足利氏の分家です。足利氏は中世史ではものすごく重要です。

第2章

埋もれた女神の発掘

埋もれた女神の発掘

宮古　宗教の祖は、キリスト、ムハンマド、ヤハウェ、ブッダ、なぜみんな男なのか。これはちょっとおかしいです。普通は女神でなくちゃいけない。

河野　日本には、子安神社とか、子安神として安産の神様が祀られている神社があります。中には、男の祭神を祀っているのに、「うちは安産のご神徳があります」という神社があるんです。常識的に考えて、男の神様が安産の神様というのは余りないと思います。本来の子安は、ほぼコノハナサクヤヒメになっています。

宮古　この世の中というのは、子安神はコノハナサクヤヒメになっているのに、なぜか男を拝んでいるという矛盾した世界なんです。子どもにとってはお母さんが一番頼りになる存在です。でも、宗教はお父さん。これはどういうわけなのか。

河野　キリスト教では「父と子と聖霊の御名（みな）において」と言います。普通は父と子とお母さんですよね。父と母からしか生まれないのになんで聖霊になっちゃうのか。そういうところにも疑問があっていろいろ調べていると、奥方様のことを「山の神」と言うように、本来は女性が中心だったにもかかわらず、男が権力をとり出すと、神様の世界でも女性を排除していきます。我々の神社探検では、本来は女性の神様を祀っているはずなのに、それを男神にして名前をつくり、新しい神様にして祀っている神社を見つけることができました。見つけるのも、ただ「こういう名前の神様がいたからこうだ」と思っちゃうとわからなくなるので、いろいろな予備知識がもちろん必要になります。

宮古　宗教の一番最初、縄文あたりの宗教観は、ウタキ信仰です。ウタキ信仰は沖縄ではまだ行われています。山裾の清水が湧き出る岩屋のような場所をウタキという聖地にしています。ウタキは実は子宮のことで、それをもうちょっときれいに言ったのが「うてな」です。

河野　企業のネーミングにもそういうところがちらほら見受けられます。例えばウテナという古い化粧品会社があります。「社長、知っているんだね、これ」という感じがあります。

宮古　「うてな」は「臺」と書きます。

河野　「臺」を現代の漢字で書けば「台」です。古代史に興味がある人だったら、邪馬台国の台だとすぐわかると思います。

宮古　うてなは子宮という意味がありますから、邪馬台国は山の子宮の国ということになります。台は台所の台でもあります。

河野　江戸時代、大奥にいる一番重要な方は御台所様と呼ばれました。

宮古　調べると、「うてな」は「萼」とも書きます。花の萼（がく）です。花が咲いている姿を「うてな」と言うんです。花＝男性と考える人は余りいないと思います。花が好きな男の人もいますけれども、一般的には花イコール女性です。うてながウタキ信仰になっているんです。

河野　「御嶽」は、沖縄では「うたき」と言いますが、本州に来ると「おんたけ」になります。御嶽山は基本的に女神でないとおかしいんです。

宮古　イタリア語では子宮をウーテロと言います。「うてな」がちゃんと言葉として残っていて、今も使われています。うてなが子宮だというのは、日本ではわからないけれども、イタリアでは言葉だけでわかります。

ウタキ信仰とお水取り

宮古　ウタキは山裾の清水が湧き出ている岩屋です。そのウタキの水はお水取りに使います。お水取りのお水は春の水です。春の水が豊作をもたらすようにという願いを込めて、うてなからお水取りをするということが日本の習慣にあります。このお水取りを奈良の東大寺二月堂では大々的に行っています。二月堂のお水取りはいかにも仏教的なお祭りのように見えますが、そういうわけではなくて、うてな信仰なんです。

河野　二月堂のお水取りのお水は、越国の若狭から持ってきます。

宮古　その水を閼伽水（あかみず）と言います。

河野　「あか」はアクアです。アカツハヤヒのアカもアクアのなまりです。水をウォーターと言う場合と、ラテン系のアクアと言う場合と、大きく分けて2つあるんですが、ウォーターと言う場合、その発音が由来と思われる地名が日本にもたくさんあります。「おおた」という地名に変わりますし、「おわだ」もそうかもしれません。栃木では「おおたわら（ウォーター、ワラー）」がそうです。ワラーという発音で考えれば、単純に「はら」という地名も水に関係しています。

宮古　ロシア系の、国名に「スタン」がつく国は、海のことをバダとかボダと言います。なまりはあるかもしれませんが、ウォーターとかボダとかワラーとか共通した言葉としてあって、それはまた綿を言う言葉でもあります。

河野　ロシア語ではどっちもバダと発音します。イタリア語はオバッテです。なんで昔の言葉でバダを海としたのかはわからないけれども、バダはウォーター、ワラーだと考えると、オオハタヌシ（大幡主）という海神族の王様みたいなイメージの神様について、水の神様だから「おおはた（オオワーター）ぬし」だと解釈できるわけです。

宮古　二月堂で取る閼伽（あか）水は、「あか」もアクアで水ですし、「あかみず」で「水水」となります。このように、意味は同じだけれども違う言葉を2回繰り返す言葉が日本語にはたくさんあります。アクアはサンスクリット語、ヒンズーの言葉です。インドのほうの言葉が「あか」で、それを使う人たちは、どっちかというと東南アジアに多かったような気がします。

お水取りのもとは、トルコの東にある国アルメニアで7年に1度行われる春の祭りです。アルメニアには、水を神様のように信仰して、水に不老不死を願う水信仰があります。その不老不死を願う水をアムリタと言います。

河野　吉本ばななさんの小説に『アムリタ』（新潮社）があります。

宮古　アムリタはヒンズー語で神の食べ物、神聖な食べ物という意味で、それは水のことを言っています。それを海の底から取ってくるというのが春の祭りなんですけれども、それと同じ祭りをやっているのが西金砂神社です。そこで春の祭りを小祭礼としてやっています。もともと水を取るというのは、不老不死の水とかそういうふうに使われています。

河野　浜降り神事とか磯出神事と言うんですが、山の上にある神社から海までおりて、そこで新しい海水をくんで、もう一度山に登ってくるというお祭りが何種類かあります。その中でも金砂神社（西金砂神社・東金砂神社）は、72年に1度の大祭礼で、常陸太田の山奥から日立の海岸まで三十何キロ歩いてお祭りをやるということがもう千何百年か続いているようです。じゃ、海の中から取ってきた本当のアムリタは何だろうかと考えたら、普通は海藻か貝になるわけです。

宮古　日本には春の海藻取りという神事があります。

河野　藻塩焼きもあります。

宮古　藻塩焼きは歌に詠まれています。茨城の浜のほうでは新ワカメを刈るのが年中行事になっているんですが、ワカメではなくてカジメという海藻があって、カジメは何がいいかというと、アルギン酸を含んでいるんです。

河野　フコイダンも多いです。

宮古　フコイダンは、体の免疫力をすごく高めます。しかも、放射能も取れるのではないかと考えられていて、値段が高いですけれども売っています。そのフコイダンがカジメの中に入っていて、日立のほうに行くと、カジメをお風呂に入れて、ドロッとしたカジメ湯を提供している旅館があるぐらいです。とにかく、日本人は平安時代のころから新ワカメ刈り、玉藻刈りをやっていますし、藻塩焼きもやっています。そういうことがウタキの中にいろいろ含まれているということです。藻塩もミネラル豊富で高いけれども結構売っています。

ゾロアスターがもたらした男尊女卑

宮古　ウタキは子宮だから、母と子の信仰です。子宮の中の状態がよければよいほど子どもがいい状態で生まれるというのは誰もがわかることです。そういう母と子の信仰がミトラ信仰という方向に移っていきます。ミトラは太陽神なので、双子の太陽神信仰ですけれども、母と子の安全や安寧を願ったものがミトラ信仰です。ミトラ信仰は恐らく紀元前４０００年ごろにはあっただろうと言われています。ミトラのことをすごく否定したい人たちがいて、「ミトラはなかった。ミトラはゾロアスターから生まれた」とウィキペディアには書いてありますけれども、実際はミトラからゾロアスターに流れています。

ゾロアスターが生まれたのは、今、紛争地帯になっているところです。具体的にはアフガニスタン、タジキスタン、トルクメニスタンとか、「スタン」がつくところで、ここにミトラとゾロアスターの秘密があるんです。ゾロアスターがミトラを大体パクッているんですが、ゾロアスターが一番隠したかったのは山の女神アナヒタです。ゾロアスターはアナヒタを隠し、アフラ・マズダーという男性神をつくり上げました。そこから世界の悲劇が始まりました。男性神アフラ・マズダーが男尊女卑を始めたのです。

河野　それが一番まずいですね。

宮古　男尊女卑を始めたことによって母と子の安寧が崩されて、女性がただ子どもを産む道具とか、ご飯の支度をする女中さんみたいになっていく。ゾロアスター教以降、女性の地位がどんどん下がっていったんです。そういうゾロアスター教から旧約聖書の神、ユダヤ教が生まれました。

河野　西に行くとユダヤ教になり、東に来ると儒教になります。

宮古　ゾロアスターの神と儒教はほぼ一緒です。マニ教、チベット仏教もそうです。

河野　この21世紀の世の中で四大宗教とか三大宗教とか呼ばれているものは、全てゾロアスター教から派生したというか劣化したというか。

宮古　男尊女卑的な考えがゾロアスターから始まったんです。キリスト教は初期のミトラ教から生まれています。ミトラ教からキリスト教の明るい部分ができて、ダークな部分は本当はないんだけれども、ダークな部分にしたのがゾロアスターと考えて、新約聖書と旧約聖書は、いかにも旧約聖書が先で、新約聖書が後みたいに言うんですが、本当は大体同時にできています。旧約聖書で言われているユダヤ教は、もともとはアラム語で書かれていて、その次にヘブライ語で書かれて、その後にラテン語になっています。その2〜3年後にキリスト教が生まれたとか。それを日本人が調査したということがニュースになっていました。

アナヒタとか、中国の西王母とか、アフロディテとか、女神がみんな誰かの奥さんになっちゃいましたね。

河野 誰かの奥さんにさせられちゃう。本当は女神信仰なんだけれども、女神だけでは当然子どもができないんで、旦那が必要です。本来、旦那は女神様を守る人だったのに、いつの間にか守る人のほうが偉くなっちゃって、女神様のほうは子どもを産む道具におとしめられてしまったという流れになります。

宮古 そして、女の人を家の中に閉じ込めてしまったのが儒教の考えです。

河野　ユダヤ人をJewと言うのはみんな知っていると思います。西に行くとユダヤ教、東に行くと儒教というのは、Jew教だから儒教、それだけの話なんです。だから、どっちも基本的に先祖を大事にする。旧約聖書を読むとわかると思いますが、先祖からの系統を、誰から誰々誰々と延々と書いています。儒教は、簡単に言えば、お墓をつくって先祖を祀りましょうというところがあるので、考え方、出発点は一緒だなと思います。我々としては、ミトラから劣化したゾロアスター教が、儒教、ユダヤ教、仏教、マニ教に変わっていったと考えています。

宮古　ユダヤ人のバビロン捕囚のときにイスラエルからどこかに行ってしまって、「失われた10支族」と言われているユダヤの人たちがいますが、彼らは中国に来ていました。それで儒教ができたんです。そのとき10支族の人たちはサマリア人と呼ばれていました。旧約聖書のモーゼの話は、サマリア教がユダヤ教になっているんです。今でもイスラエルのサマリアには、何百人しか残っていないそうですが、サマリア教徒の人たちがいます。

10支族の人たちは、中国に来て、朝鮮半島、日本にも来ています。中国に来た人たちは宗教をつくり、その宗教の名前が「儒教」ではないか。また、彼らは恐らく明を建国しているはずです。調べると、明はものすごく不思議な国です。明と元の戦いでは、歴史に書いてあることとは全く違うことが繰り広げられているはずです。明の弟分になっているのが李氏朝鮮です。それは現代にずっとつながっています。1600年ぐらいの話なんで、中世の話ですけどね。

河野　ちょうど足利幕府、室町時代が終わって戦国時代ですね。

足利氏は秦氏である

宮古　足利氏は秦氏（はたし）です。なかなかつながらないんですけれども、ネストリウス派、景教が関係しているんです。

河野　聖徳太子が景教徒だったのではないかという話があって、それが天寿国繍帳（てんじゅこくしゅうちょう）にもあらわれています。聖徳太子の時代と大体かぶるのが秦氏で、その時代に能や猿楽の祖と言われている秦河勝（はたのかわかつ）が登場するんですが、秦氏と足利氏がどうつながっていくのか。

宮古　足利氏には上杉家からお嫁さんが来ています。上杉は何となく東北かなと感じるでしょうけれども、実は京都の綾部に上杉荘があって、上杉荘に「いかるが（何鹿）」という地名があります。「いかるが（斑鳩）」は皆さんが知っているとおり聖徳太子がいたところですが、なんと足利にも鵤木（いかるぎ）町があって、現地調査に行きました。「いかる」を使うのは、綾部の上杉の人たちだけのようです。

　埼玉県を調べると、「はた」という名前が結構ついています。埼玉県は足利の牙城です。埼玉県の深谷出身で今度1万円札の顔になる渋沢栄一は、多分足利の子孫のはずです。話が現代まで来てしまいましたが、足利は佐竹藩、あと宇都宮氏とものすごく関係しています。

河野　足利は表向きでは源氏ということになっています。南北朝のときの群馬の新田義貞（よしさだ）も源氏ですし、佐竹も徳川ももちろん源氏になっていて、みんな足利の流れで来ています。そういう意味では、源氏イコール秦氏と言ってしまってもいいのではないかと思います。足利はずっと大事にされて、瀬戸内海の鞆（とも）の浦（うら）あたり（広島県）にお城をつくってもらって住んでいました。

宮古　鞆の浦幕府があったんです。鞆の浦幕府は、徳川幕府ができてから2~3年ぐらいは継続していました。秦氏の後は藤原氏です。

河野　秦河勝のちょうど後に藤原鎌足が登場します。鎌足は中臣氏ですが、藤原姓をもらいました。

宮古　繰り返しになりますが、足利氏は秦氏であるというのは、聖徳太子がいた「いかるが」と同じ地名が京都の綾部にあり、綾部の上杉荘から足利にお嫁に来た人がいて、上杉と足利氏が同族であるというところから来ています。

隠された女王国

河野　秦氏の本貫地は太秦です。普通なかなか「うずまさ」とは読

めないんですけれども、そこに秦氏が1つの集落をつくってもらって住んでいました。秦氏は秦の始皇帝の子孫だという話と「うずまさ」という地名はつながっています。

宮古　秦の始皇帝の嬴政（えいせい）という名前のヘブライ語読みがウジュマシャーで、「マシャー」がまたモーゼなんです。

河野　秦の始皇帝はモーゼ直系になるんですけれども、秦氏がその子孫かというと甚（はなは）だ疑問で、そう標榜しているだけだと思います。

宮古　秦氏の「秦」は、中国ではチンとかシンと読みます。それが日本に来てなぜか、天皇から「はた」と名乗っていいというお墨つきをもらって、「はた」と名乗りました。秦氏はすごくナゾです。

河野　じゃ、「チン」「シン」とは何なのか。

宮古　中国での「秦」の発音をアルファベットで書くとQinです。Qinは、今の中国ではどうかなと思いますが、チンという発音とシンという発音がほぼ一緒らしいです。

河野　Qinはアルファベットなりに読めばキンです。さっき出てきた韓国系のキム・オチのキムにも当然なります。Qinを少し伸ばしてみると、クイーンになります。クイーンは女王様ですから、秦はほんとは女王国だと言っているんです。

宮古　中国共産党の前の清もチン、キンと発音します。明の前の元も、元の前の金も、チン、キンと発音します。金、元、清でも、中国では全部キンと言っているんです。

河野　日本語では漢字が違いますので、その漢字どおり日本語で読んでしまいますが、中国人が発音するとほぼ同じになります。

宮古　中国はずっと女帝の女系です。それを誰にも知らせたくないものだから、中国を共産党化して破壊したんです。それをやったのはもちろんロスチャイルドとかそういう人たちです。西太后(せいたいこう)一族も女系の女帝一族です。西太后はものすごい悪女のように言われていますけれども、それは誰もわからないことです。西太后一族は明治政府の伊藤博文に根絶やしにされました。その後、満州帝国を建国して愛新覚羅溥儀を皇帝にしますが、あれはどこの馬の骨かわからないような男を連れてきて傀儡皇帝に据えただけです。

同じころ、朝鮮半島も女系の国だったのに、閔妃を悪い女として、その一族を全部殺しました。李氏朝鮮は清の冊封国ですから、閔妃一族は多分西太后一族の分家だったのではないか。李氏朝鮮の今の歴史的な解説、「李氏朝鮮はこうだった」というのは全部つくられた話ではないかと思います。

河野　閔妃を殺して大韓帝国ができて、その後に日本が韓国を併合しちゃう。

宮古　李氏の最後の李垠（イ・ウン）さんも、閔妃の血族ではなく、どこかの馬の骨を連れてきて、大韓帝国という傀儡国家をつくったんです。その3年後ぐらいに日韓併合となりました。結局、朝鮮半島と中国は、歴史的には男の皇帝が立っていたけれども、実はずっと女帝の国だった。王朝名自体が女帝を示しています。それを隠すために日本を使って女系の中国と朝鮮をなきものにしたんです。

河野　話が過去に戻りますが、日本のことを倭国と言いました。倭国の「倭」の字には「女」が入ります。倭国は実は日本だけではなくて、朝鮮半島南部にもありましたし、中国に伝わる古文書には、中国の南部のほうにも倭人が住んでいたという記載がたくさんあるようです。なんで「女」という字が入っているかというところが重要で、全てクイーンとつながるんです。今の日本語では、「倭」は「なよなよとした」という意味らしいです。

宮古　重要な漢字は、みんな「女」という字が入っていて、「男」という字はほんとに少ないんです。

河野　「男」は「田」の「力」。

宮古　力仕事に向いている。

河野　「なぶる」と読む「嬲」という字はひどいですね。

宮古　「男」を使った字はそういう字しかない。「女」を使った字は、努力の「努」とか。

河野　「嬲」みたいな字しかつくれなくなっちゃう。これを中国で使っていたかどうか調べていないですけれども、「なぶる」と読ませるのは、国字っぽいイメージがありますね。

宮古　Qin が女王という意味だと思ったのは、Qin と Queen が似ているというだけではありません。昔、中国の北方には、匈奴（キンメリ人）がいました。

河野　フン族ですね。

宮古　フン族が東と西に分かれて、西に行ったフン族が北欧にいる人たちです。西のフン族がフィンランド、スウェーデン、あとグリーンランドのほうとか寒い国に行って、スウェーデンのあたりから、バイキングになって略奪のためにイングランドに行き、バッキンガムの国王になったんです。今のバッキンガムの人たちは、もとはフン族です。それで英語でクイーンという言葉を使うんです。西のフン族が一番行ったところはドイツです。フン族からゲルマン民族になって、ゲルマンの人たちの「女」という言葉は、クナーとか、Qinから発生したような言葉です。それはドイツ語、古代ゲルマン語を調べると出てきます。

チェスは、キングよりクイーンが絶対的に強いというルールを持っています。クイーンは飛車、角を合わせたような動きができるけれども、キングは多分、全方向に1マスしか動かせなかったと思います。なぜチェス盤のクイーンがそんなに強いルールができたのか。それはクイーンにものすごい力があったからだと解釈しています。

第3章

女山羊がバフォメットにされた理由

般若心経の真言

宮古　皆さんがこの世で一番だまされているシステムは、輪廻転生です。輪廻転生はもともと仏教でしか言っていません。なぜ輪廻転生になるか。それはチャクラと関係しています。7つのチャクラが全部あくということと輪廻転生とが関係していていて、そういうことを教えている1つの言葉が、般若心経の「gate gate paragate parasamgate bodhi svaha（ギャーテー、ギャーテー、ハラギャーテー、ハラソーギャーテー、ボジソワカ）」という真言です。

河野　この真言は般若心経の一番最後にあります。観音様が「この言葉だけ覚えておけばいい」として最後に言われました。当時の言葉です。

宮古　漢訳の般若心経は、真言のサンスクリットの音のまま、漢字の当て字で「羯諦羯諦　波羅羯諦　波羅僧羯諦　菩提薩婆訶」としています。この一般的な意味は、「霊智よ、霊智よ。霊眼への霊智よ。霊眼に到達する霊智よ。智恵を完成させよ」です。「彼岸に行くために、あなたは頑張らなくてはいけない」というような曖昧模糊とした訳で、これではわかりません。

河野　我々は、サンスクリット語も知らないし、漢訳の「羯諦…」という当て字を見ても意味がわからないんですが、サンスクリット語で書かれたものを英語読みすると、すごく意味がわかりやすいんです。「gate」は「ゲート」、門です。門は開きますから、要するに「開けゴマ」。「門が開かれんことを祈念します」と言っているんです。

宮古　そういう単純な意味なんです。「para」は「並列」ですから、パカッとあいていない閉じた門。「bodhi」は「ボディ」。そうすると、「門よ、門。閉じた門よ。体にある閉じた門よ。開かれよ」で、最後の「svaha」は「幸あれ」という意味なので、「閉じた門の人たちに幸あれ」という励ましの言葉になります。ただそれだけなんです。

河野　般若心経で大事なのは、ただこれだけ。

宮古　要するに「7つのチャクラをあけよ」ということです。私はブログに「7つの龍の智恵」という記事を書いています。龍はチャクラのことです。チャクラは渦巻きですから、秦の始皇帝の嬴政(うずまさ)という名前、ヘブライ語読みのウジュマシャーの「ウズ」は、まさにチャクラの渦のことを言っているんです。

河野　まさに「うずのみや」！（笑）

「従順な子羊」政策としての輪廻転生

宮古　チャクラをあけると、霊的な力がつくと皆さんは思っていますけれども、霊的な力というよりは、その人たちの精神面の理解力とかキャパシティーが広がっていきます。例えばお茶を見たとき、第1チャクラとか第2チャクラがあいている人たちは、「お茶だわ。これ、12種のブレンドね」と言うんだけれども、チャクラが開いている人は、「これは何か変なものが入っているぞ」とか、「これはどの工場でつくったものだ」とかいったことが瞬時にわかります。キャパシティーが広がって瞬時にわかるから、それを霊感みたいに感じるけれども、普通の人よりは深く物を考える力がつく。それが

「チャクラが開いていく」の意味なんです。

今までは2つの目で見ていたのが、第3の目で見えるようになる。それは「霊格が上がる」という意味よりは、知的に成長していく、人間として完成されていくという意味なんですけれども、人間は完成されていくと大体悟っちゃうんです。朝起きたときに、「きょうは何か太陽の色がおかしい。変だな」とか、「鳥がチュンチュン鳴くのが、いつもはいい感じに聞こえるけど、きょうはいい感じに聞こえないな」とか思う。そういうことを外応と言います。外応は占いの基本中の基本ですが、第3の目が開いた人たちは、占いなんかしなくても、外応がその日の雰囲気ですぐわかる。「きょうは会社に行きたくないな」となったら、行かないかもしれない。でも、それでは会社は困ります。第3の目を開かれると困っちゃうんです。ということで、現代はチャクラが開かないシステムがつくられています。それも、にせスピリチュアルでつくられているんです。

河野　にせスピリチュアルのチャクラの話は昔からいろいろありますけれども、そういう話を本山博先生はまずしません。本山博先生はチャクラ研究で世界の第一人者です。まともな人はそういう話は全然しません。

宮古　チャクラの世界では、本山博先生が書いた本を読んでいなかったら、はっきり言ってモグリです。

河野　本山博先生を知らないヨガの先生はいないと思います。

宮古　悟って、自分の目で見たものが全部わかると、政府が言ったいろいろなこととか、テレビで言っていることが全てウソ偽りだとわかります。そうすると、もう従順な子羊ちゃんたちではなくなるから、「従順な子羊」政策を世界ではとっているんです。

しかも、私たちから搾取したいわけです。私たちの労働の成果の9割方を自分たちのおカネにして、私たちには1割しか給料を払わない。そのシステムでいくためには人口が必要です。魂にこの地球に戻ってきてもらわなくちゃいけない。悟って、魂が地球から離れて違う星に行ったら困るんです。なので、宗教やスピリチュアルを使って、悟らないシステムをつくっているんです。「生まれ変わるなら、地球に帰ってくるのが最高だよ」と言って、従順な子羊さんをまた地球に呼んで、搾取システムを構築しているんです。

みんな、この世は3次元の世界で、3次元の上は4次元だと思っているけれども、4次元に行ったことは忘れているわけです。4次元より向こうに行ける人は悟った人です。この世でチャクラがあかない人が死んだら、悟った世界である4次元以降には行けないから、異次元としても、4次元と3次元の間の3・5次元にとどまっていて、3・5次元からまた地球にやってきます。それを知らせたいなといつも思っているんです。

河野 ヘミシンクという技術で、あちら側の世界に行けるというのがありましたけれども、森田健さんの『生まれ変わりの村』（河出書房新社）という本がベストセラーになりました。森田さんは中国のある町に行って、結局、３・５次元のまま戻ってきちゃうんで、中には前世の記憶を持っている人がいたという話をレポートしています。

我々が考えている普通の輪廻転生は、スピ系の人だったらわかると思いますが、成仏してあの世に行って、今までの生活の反省をさせられる。次に、そこにも偉い人が出てきちゃうんですけれども、偉い人と会っていろいろ打ち合わせをして、次に生まれてくる場所をみずから設定して、次の人生に生まれてくる、こういう話になっています。でも、３・５次元のままだと、そういう選択ができずに、あの世とこの世、ただ体を持つか持たないかの世界だけで、頭の進歩もせずに単純にグルグル、グルグル回っているだけということになっちゃうんです。

ゴータマ・シッダールタは羊飼いだった

河野　般若心経の最後の真言、呪文が大事だと言ったゴータマ・シッダールタは、仏教の祖ですけれども、メソポタミアの星座神話によれば、ムル・シパジアンナという難しい名前が変化していって、goat ama sitterda（ゴート・アマ・シッタルダ）になるわけです。

宮古　ムル・シパジアンナはシュメール語だと思います。アッカド語はいろいろな人にわかる共通語、英語のような感じで存在していたようで、シュメール語をアッカド語に直してゴート・アマ・シッタルダです。ムル・シパジアンナ（ゴート・アマ・シッタルダ）という名前の星座があるんです。

河野　「天の羊飼い」という星座です。アッカド語のゴート・アマ・シッタルダの「シッタルダ」は、ほんとは sitaddaru です。dda と ru をひっくり返すとシッタルダになるというだけの話です。ゴート・アマ・シッタルダを英語として読むと、意味が簡単にわかると思います。goat は山羊。ama は先頭。sitterda はベビーシッターの「シッター」で、面倒を見るということです。

宮古　ゴータマ・シッダールタというお釈迦様の名前は、「先頭の山羊」という意味です。オーストラリアだと、ボーダーコリーのような犬が羊を追いまとめるんですが、イラクのほうでは犬の役目を山羊がやっているんです。山羊はすごく行動力があって、どう猛で、割と的確な判断をするので、山羊が羊の群れのリーダーなんです。山羊が歩くところに羊がついてくる。その羊飼いのやり方は今もやっているそうです。シュメールでは、おとなしい羊を引っ張っていく山羊さんを、頑張った人に対して勲章をあげるような意味で贈り物にしたようです。贈るのは雌山羊です。羊を飼う生活では、雌山羊をプレゼントするのが最高のご褒美でした。

河野 要するにゴータマ・シッダールタは羊飼いだった。

宮古 イエス・キリストも羊飼いと言われています。

河野 実はブッダとイエスは同じところから発生しているんです。

宮古 それはメソポタミアの神話を見ればわかります。

悪魔にされた女神

宮古 雌山羊は、贈り物にするぐらい、すごく価値のあるものだから、平和的な宗教のときは、面倒を見るゴータマ・シッダールタです。でも、雌山羊、女神ですから、それをいつまでも崇拝されたら

困る。雌山羊を悪いものにしないとダメだということで、雌山羊は悪魔バフォメットの化身になっちゃうんです。ゾロアスター教の場合はいけにえです。エジプトではいけにえはもうやっていません。

河野　エリファス・レヴィが描いた有名なバフォメット像を見ると、山羊の頭を持っています。「先頭の山羊」をこうやって悪魔にしちゃう。胸を見ればわかるようにバフォメットはメスです。ヘタをすると、おっぱいがないバフォメットの像もありますから、それは完全にデタラメです。

宮古　ミトラ教は悪魔教に変えられました。ミトラの神様はみんな悪魔の神様にされました。ミトラは、ミスラとかミロクになるんですけれども、ヒンズー教ではアシュラに変えられます。悪魔界のアシュラになって、アシュラを倒すために帝釈天というまた別な神様をつくり、帝釈天を祀っているのが新羅（しらぎ）の人たちで、新羅を祀っているのが檀君（だんくん）神話を書いた人たちです。檀君神話の『桓檀古記（かんだんこき）』の

「桓」という字は帝釈天をあらわしているそうです。帝釈天の子孫だと言っているのが新羅の人たちです。新羅と結託した秦氏の人たちもヒンズー教徒だから、こういうふうになっています。

ゾロアスター教の特徴は、教義は変えずに名前を変えることです。例えばヒンズー教もゾロアスター系の人がつくっていますし、儒教やユダヤ教も、ゾロアスター系が入っているアシュケナージ・ユダヤ、自分たちのことをアーリア民族と名乗ったりするコーカソイド（白人）の人たちがつくりました。教義は変えずに宗教名を変えるという、あり得ないやり方をずっとやってきているものだから、誰もが儒教やマニ教やヒンズー教をそれぞれ違う宗教に感じてしまう。でも、中身は大体一緒です。

河野　中身は、いけにえ教です。

いけにえとひもろぎ

河野　いけにえは神道でもあります。皆さんご存じの「ひもろぎ」という言葉は、神社のお話だと、「神籬」と書いて、お祈りをする清浄な場所というイメージがあります。でも、白川静さんという漢字の学者が編んだ『字統』（平凡社）で「ひもろぎ」を引いてみると、皆さんがお食事中だと大変なんですけれども、「膰」と書いて、実は内臓を引っ張り出して切り刻んで、焼いて食べたり、生で食べたりするという意味なんです。要するにホルモン焼きをするのを「ひもろぎ」といいます。

宮古　燔祭（はんさい）の「燔」の字も「ひもろぎ」と読みます。

河野　そういう意味では、「番」という字は結構怪しい文字です。あと、「幸福」の「福」と書いて「ひもろぎ」だったり。

宮古　焼いた肉を分けることを「ふく」と言うんです。「ひもろぎ」は、いけにえの肉を焼いて神に捧げて、それを下げて食べる。それはキンメリ人、匈奴（きょうど）系の人たちが神様に捧げ物をするときのやり方です。なぜか日本神道では、小さな机みたいなところに榊（さかき）を立てて神様にお祈りをする、そういうきれいな場所になっちゃっているんですが、もとをただせば、「ひもろぎ」は焼き肉という意味なんです。一般的には実りある大きなものを焼くから、牛を焼いていたと思うんですが、もとは人間を焼いていたんです。

河野　最近よく幼児誘拐がニュースで報道されます。果たして何をしているのかと考えてしまいます。実際にいけにえにしなかったとしても、神社と言ったら語弊があるかもしれませんが、何かいかがわしい宗教の儀式として、そういうことが日本でも残っているんじゃないか。ニュースを見ていると、そういう雰囲気をいろいろ感じます。

ちょっとぼやかして言いますが、２０１８年のお盆の8月12日、瀬戸内海のある島で満2歳の子が3日間行方不明になった事件がありました。修験者みたいなボランティアのおじいさんが大分からやってきて、30分ぐらいで子どもが見つかったという出来事なんで、皆さんご存じだと思いますが、全く同じ時期に日本で一番偉い政治家が故郷に帰って神社を3軒回っています。ということは、何かあったのかなと考えるのが順当ではないか。何をやっていたかはわからないですけれども。

宮古　あのときツイッターで、子どもを見つけたおじいさんを「すばらしい、すばらしい」と褒めたたえる人たちがいました。私たちはツイッターをやっているので、「それはおかしいのではないか。たった30分で見つけたことより、子どもが3日間さまよい歩いていたほうが大事でしょう。子どもは、蚊に刺された跡もない、体に傷もない、足も汚れていない。どこをさまよっていたのか。谷川のところに座っていたのをおじいさんが見つけたと言うんだけれども、それを不思議に思わないのか」と私はツイートしました。

すると、バッシングの嵐です。「そんなことを言うのはおかしいだろう。すばらしいおじいさんだ」「見つかったほうがすばらしい。いなくなったことなんか関係ないだろう」とかネトウヨに言われて大変だったんですが、そのぐらい私たちには知らされていないような儀式が行われているのではないか。もしやバフォメットと関係があるのではないか。最近はアメリカでもペドフィリアの人が捕まったというニュースがたくさん出ているから、そういうことも関係しているのではないか。そんなことを思っちゃいますね。

第4章

戸のヒミツ・戸はスサノオノミコト

コノハナサクヤヒメとナガスネヒコは双子

河野　天岩戸をあけたのは、アマノタヂカラオノミコトという神様です。「タヂカラオ」は「手力男」と書きます。

宮古　力があるから「手力」。

河野　戸は一般的には岩戸だと言われていますが、解釈の仕方で、戸を擬人化しているんです。神話だから人間にしているんです。タヂカラオがあけた岩戸は九州から長野まで飛んでいったという話があります。飛んでいった先は長野県の戸隠です。戸隠には実は戸が隠されているんですが、さて、「戸」とは誰か。それはアマノタヂカラオは誰かということがわかると、百嶋系図的にはすぐわかります。

アマノタヂカラオは皆さんが知っているスサノオノミコトです。スサノオノミコトがあけた戸は、コノハナサクヤヒメという女神様の双子のきょうだい、兄か弟かわからないんですが、『日本書紀』的にはまつろわぬ神と言われているアマツミカボシ（天津甕星）という神様になります。ここでも「甕」という字が出てきます。タケミカズチ（武甕雷）の「甕」と同じで、「ミカ」はマイカなので、輝くものという意味があります。

タケミカズチは常陸国の鹿島に祀られています。アマツミカボシは日立の大甕神社に祀られているアマノカガセオ（天香香背男）になります。『日本書紀』には場所が書かれていないので、常陸国かどこの国か文献上はわからないけれども、日立の大甕神社では、その伝承があるので、最近、新しいお宮を北向きに建てて、星の神紋をつけています。北向きというのは後から重要になります。

コノハナサクヤヒメと双子のきょうだいであるアマツミカボシは別名、ナガスネヒコと言います。大和のナガスネヒコも日本神話では嫌われ者になっています。神武天皇に刃向かって、イツセノミコトを戦闘で殺してしまったと言われています。前にお話ししたミトラは実は双子です。男と女がいないと完全ではないので、男と女の双子だったら感覚的に完全なわけです。百嶋系図を見たときに、同じ年に生まれて双子であろうと思われるのが、コノハナサクヤヒメとナガスネヒコだったんです。

宮古　私たちがつくった秘密系図をお見せします。

河野　正統派系図（河野・宮古案）の本邦初公開です。これを見てわかる人は誰もいません。石をぶつけられるかもしれません。「彦国瀛津（ヒコクニオキツ）」と書いてあります。これがナガスネヒコの別名です。その隣にコノハナサクヤヒメがあります。このきょうだいのお父さんは、天岩戸をあけたスサノオノミコトです。スサノオノミコトの

正統派系図（河野・宮古案）

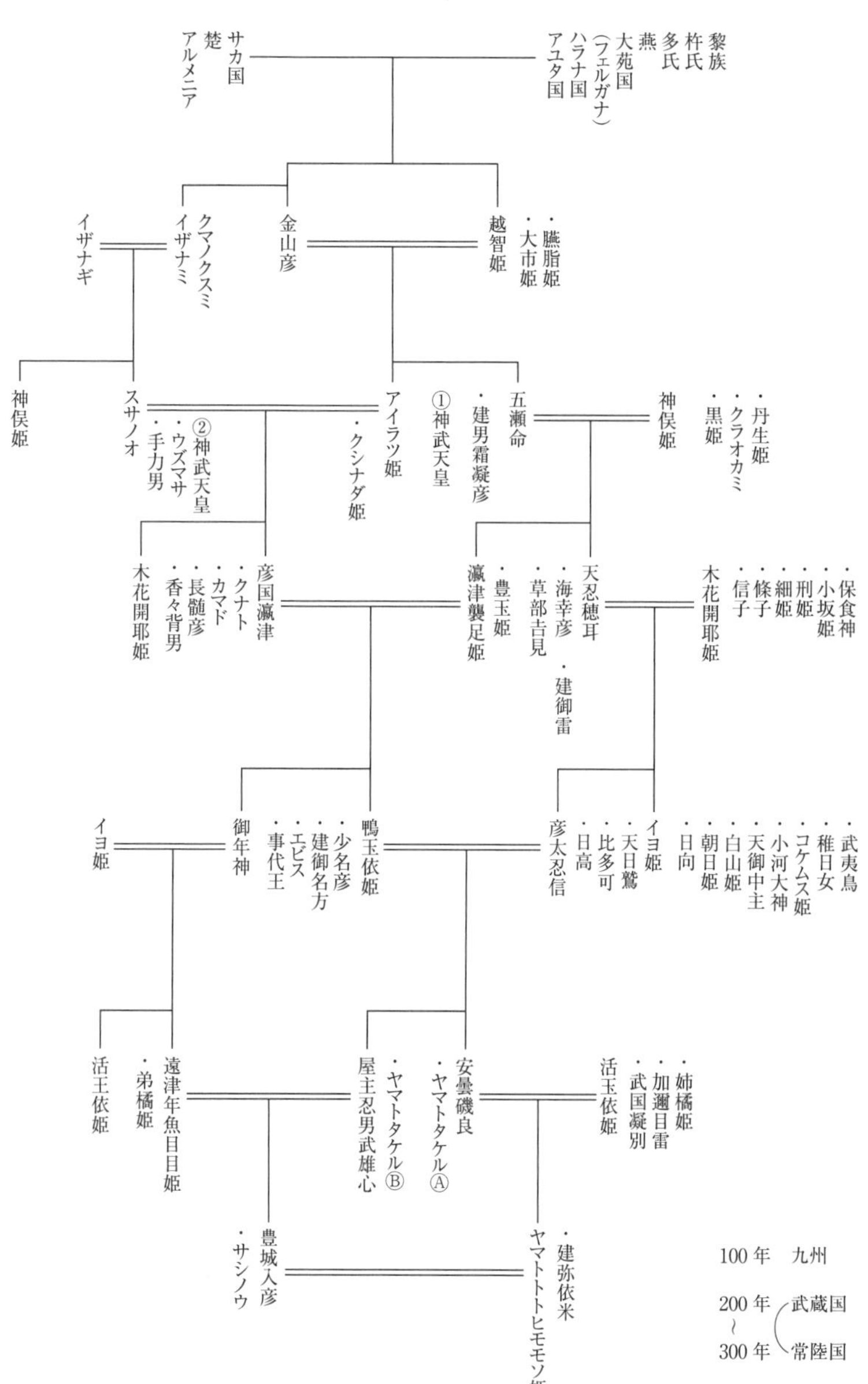

黎族
杵氏
多氏
燕
大苑国
（フェルガナ）
ハラナ国
アユタ国
サカ国
楚
アルメニア
越智姫
・膱脂姫
・大市姫
金山彦
クマノクスミ
イザナミ
イザナギ
神俣姫
スサノオ
②神武天皇
・ウズマサ
・手力男
アイラツ姫
・クシナダ姫
①神武天皇
・建男霜凝彦
五瀬命
神俣姫
・黒姫
・クラオカミ
・丹生姫
彦国瀛津
・クナト
・カマド
・長髄彦
・香々背男
木花開耶姫
瀛津襲足姫
・豊玉姫
・草部吉見
天忍穂耳
・海幸彦
・建御雷
木花開耶姫
・信子
・條子
・細姫
・刑姫
・小坂姫
・保食神
イヨ姫
御年神
・事代王
・エビス
・建御名方
・少名彦
鴨玉依姫
彦太忍信
・日高
・比多可
・天日鷲
イヨ姫
・日向
・朝日姫
・白山姫
・天御中主
・小河大神
・コケムス姫
・稚日女
・武夷鳥
活王依姫
遠津年魚目目姫
・弟橘姫
屋主忍男武雄心
・ヤマトタケルⒷ
・ヤマトタケルⒶ
安曇磯良
活玉依姫
・武国凝別
・加邇目雷
・姉橘姫
豊城入彦
・サシノウ
ヤマトトトヒモモソ姫
・建弥依米
100年　九州
200年～300年　武蔵国
常陸国

奥さんは、ヤマタノオロチの伝説でわかるようにクシナダヒメです。クシナダヒメの親はカナヤマヒコとハニヤスヒメになっています。

百嶋先生が調べた西暦2000年における年齢が載っています。コノハナサクヤヒメとナガスネヒコはともに1850歳ですので、紀元後150年ごろに生まれているだろうということです。彼らが双子だったので、我々はここから逆に追いかけていってミトラにたどり着きました。ミトラから来ているわけではないんです。ただ、我々は水戸の近くに住んでいるので、「ミトラー」と呼んでもいいんですけど（笑）。全てオヤジギャグで解いています。

百嶋先生の系図もお見せします。百嶋先生の系図だと、ナガスネヒコとコノハナサクヤヒメは双子にはなっていません。これは言っておかないといけません。

宮古　でも、いろいろ考えた末に私たちは系図をつくりました。この系図ができた経緯は後々お話ししたいと思います。

百嶋系図

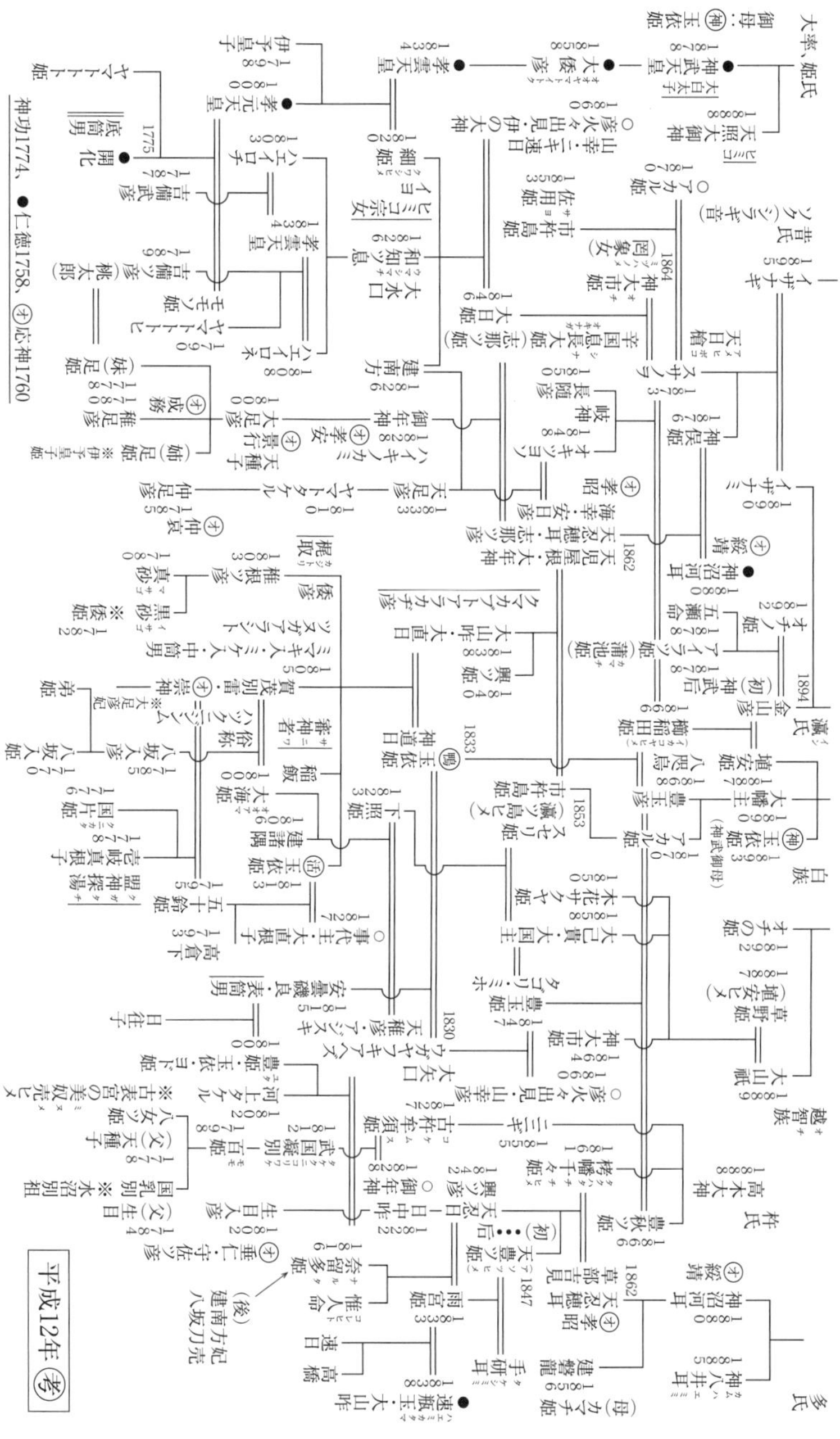

多氏

神八井耳 1885

神沼河耳 1880 ㊉綏靖

建磐龍 1856

（母）カマチ姫

天忍穂耳 1862 ㊉孝昭

草部吉見

手研耳

天豊ツ姫 1847

（初）•••后

雨宮姫 1833

●速瓶玉・大山咋 1838

高橋

速日

惟人命

奈留多姫 1816

（後）建南方妃 八坂刀売

㊉垂仁・守佐ツ彦

生目入彦 1802

（父）生目 1784

国乳別 ※水沼別祖

杵氏

高木大神 1888

豊秋ツ姫 1866

栲幡千々姫 1861

ニニギ 1855

天忍日－日中咋 1822

興ツ彦 1842

○御年神 1828

古杵牟須姫 1827

武国凝別－百姫 1812

（父）天種子 1778

八女ツ姫

※古表宮の美奴売ヒメ

越智族

大山祇 1889

草野姫（埴安ヒメ） 1887

オチの姫 1892

神大市姫 1864

○彦火々出見・山幸彦 1860

豊玉姫 1847

タゴリ・ミホ

大己貴・大国主 1858

木花サクヤ姫 1850

ウガヤフキアヘズ 1830

大矢口

天稚彦・アジスキ 1815

安曇磯良・表筒男

日往子

河上タケル 1802

豊姫・玉依・ヨド姫 1800

白族

玉依姫 1893 （神武御母）

大幡主 1890

埴安姫 1887

アカル姫 1870

豊玉彦 1868

八咫烏

櫛稲田姫 1866

スセリ姫（瀛ツ島ヒメ） 1853

市杵島姫

玉依姫 ㊗ 1833

神道日

下照姫 1823

○事代主・大直根子 1827

玉依姫 ㊗活 1813

高倉下 1793

五十鈴姫 1795

建諸隅 1806

大海姫 1800

稲飯

審神者

俗称 ハックニジンム

賀茂別雷・㊉崇神 1805

※大足彦妃

八坂入彦 1785

八坂入姫 1770

弟姫

壱岐真根子 1778

盟神探湯

国片姫 1776

瀛氏

金山彦 1894

（初）神武后

アイラツ姫（蒲池姫） 1878

オチノ姫 1892

五瀬命 1878

天児屋根・大年神

天忍穂耳・志那ツ彦 1862

興ツ姫 1840

大山咋・大直日 1838

クマカブトアラカヂ彦

ミマキ入・ミケ入・中筒男

ツヌガアラシト

倭彦

椎根ツ彦 1803

黒砂 ※倭姫 1782

真砂 1780

梶取

昔氏

イザナギ 1895

イザナミ 1890

ソク（シラギ音）

天日槍

スサノヲ 1873

神俣姫 1876

●神沼河耳 1880 ㊉綏靖

岐神

長随彦 1850

オキツヨソ 1848

海幸・安日彦

㊉孝昭

天足彦 1833

ヤマトタケル 1810

仲足彦

㊉仲哀 1785

ハイキノカミ

御年神 1828

㊉孝安

天種子

㊉景行

大足彦 1800

稚足彦 1780

（姉）足姫 ※伊予皇子姫

㊉成務

（妹）足姫 1778

大率、姫氏

天照大御神（ヒミコ） 1888

●神武天皇（大白太子） 1878

御母：㊗玉依姫

●大倭彦 1858

○アカル姫 1870

神大市姫 1864

（罔象女）

市杵島姫

佐用姫 1853

○彦火々出見・伊の大神

山幸・ニキ速日 1860

辛国息長大姫（志那ツ姫）

大日姫 1846

建南方 1826

大水口

和知ツ息 1826

ヒミコ宗女 イヨ

細姫 1820

●孝雲天皇 1834

ハエイロネ 1808

孝雲天皇 1834

ハエイロチ 1803

ヤマトトトヒ モモソ姫 1790

吉備ツ彦（桃太郎） 1789

吉備武彦 1787

●孝元天皇 1800

伊予皇子 1798

●開化 1775

底筒男

ヤマトトト姫

神功1774、●仁徳1758、㊉応神1760

平成12年 ㊫

ミトラ→双子→陰陽→巴→渦→電気エネルギー

宮古　日本で唯一ミトラを解説している『ケウル　ミトラ聖典』（東條真人／MIIBOAT Books）という本を、東大出身の占い師の人が出しています。ミトラはすごく自由なんで、こうしろ、ああしろとは言っていません。時代によってミトラの祀り方が変わってくるんですが、ミトラの中で恐らく一番中心になっているのは、はっきり「チャクラ」とは書いていませんが、「チャクラはこんなふうに人の心を変えていくものだよ」的なことです。それが『ケウル』を読むと載っています。ミトラ教は日本に弥勒経として根づいています。

河野　ミトラはマイトレーヤ（ミロク）になります。

宮古　弥勒菩薩のもとはマイトレーヤです。「メイトレイヤー」で、「メイト」は友だち、「レイヤー」の「レイ（ray）」は光ですから、光の友という意味です。

どうして「光の友」なのか。チャクラに太陽の光が入ってきます。入ってきた光はチャクラで電気に変換されて、その電気をミトコンドリアが人間の体内の各細胞に運んでいって、カロリーというか、燃やしてくれる。活性化してくれるんです。ミトコンドリアは人間の体の発電機と言われています。私はチャクラは光変換機だと思っています。太陽の光がないと私たちは生きていけない。体温を恐らく保持できない。その意味で、ミトラ、マイトレーヤ（ミロク）は光の友なんです。

ミトラは太陽から来ている双子のきょうだいだから、陰と陽です。陰と陽がないと始まらない。プラスとマイナスというか、回転すると電気が生まれるという単純な仕組みなんです。

河野　なぜ神社の神紋は巴紋なのか。なぜ秦の始皇帝は「ウズマシャー」なのか。なぜ「うずのみや」なのか。全て渦なんです。

宮古　電気ですね。

河野　スサノオの新羅での別名はコツマサ（骨正）です。骨に「さんずい」をつけて、「月」を取れば「渦」になります。「骨」の「冎」の部分は、カタツムリ、渦という意味です。

宮古　神様はとにかく1人で10個も20個も名前を持っています。スサノオもいろいろな名前があって、その1つがマガツカミです。マガツカミの「マガ」は「禍々しい」の「禍」です。「禍」の「咼」は渦という意味です。

勾玉はよく胎児の形と言われます。胎児自体も渦巻きというか、おなかの中で回転しています。そして、これはお母さん、お父さんになった人たちは大体知っているけれども、子どもは産道を回転しながら生まれてきます。

河野　神社に行ったら、本当は回転しながらお参りしたほうがいいのかもしれません（笑）。

宮古　静脈と動脈があって、胎児に栄養を運ぶへその緒もねじれています。胎児になる前はフラワー・オブ・ライフ、皆さんが知っているカゴメ紋です。カゴメ紋になる前、精子と卵子が受精した瞬間に青い光を出します。受精して、カゴメ紋が最終形態です。受精して1つの細胞になっていきますが、カゴメ紋は1つの細胞の始まりです。そこから細胞分裂が始まります。細胞分裂が始まるときはトーラス運動になって、リンゴの形になります。

ミトラが提唱する考え方

河野　常陸那珂に、高松塚古墳を発掘する前の試し掘りをした虎塚（とらづか）古墳があります。その内部はピンクというか赤い色で、奥の壁には2つの丸と、2つの三角形の頂点が合わさった鼓（つづみ）のような図形があります。この内部の赤い色から子宮の内部という感じを受けます。動脈と静脈の2つが必ずあるから、奥の壁の2つの丸は栄養を運んでくるへその緒の出口です。古墳ですから、子宮から生まれてきた人が子宮に戻るというイメージなのではないか。これがミトラの考えです。これが輪廻転生です。

宮古　古墳の「墳」という字は、「卉」が花びらが開いたという意味で、「貝」が女性ですから、女性器をあらわしています。

河野　「貝は女性」という一言でわからない人は、貝を見てください。

宮古　貝は女性のシンボルです。花も女性のシンボルです。そういう古代からの女性原理の社会を２０００年前から男性原理に変えてしまったので、この世はだんだんと戦争の世界になってしまった。男は、積極的平和主義の人もいますけれども、戦うことが主なので。

河野　男性原理とか女性原理と言うと、統一教会になっちゃう。

宮古　「原理」じゃなくて、女性の考えが主体というか。

河野　本当は男も女も全く同じに扱えればいいんですけれども、今までの歴史では大体男が上に来ています。女性が上に来ることはまずありません。男尊女卑になってしまった。ミトラ的にはどっちも同じだけれども、女の人は体力的に弱いから守ってあげましょうと。子どもを産むことは女の人にしかできません。男にはできません。

だから、女性を大事にするのは当たり前の話なんです。だけど、そうはならなくて、女性が子どもを産む道具になってしまうんです。

宮古　ミトラの場合は、女性が安寧に子どもを産むために男性はどのような処置をすればいいか。優しい男性をつくるような、宗教ではないんですけれども……。

河野　宗教ではないですから、「ミトラ教」とは言ってはいけません。「ミトラ」でとめないといけない。

宮古　ミトラの中には、男性はどういうふうに生きるべきか、女性をどのように扱ったらいいかという、どっちかというと精神的なことが書いてあります。

河野　中国に墨家（ぼっか）という宗教グループがあります。墨家の人たちはミトラ、弥勒経の流れを引いているようなイメージがあります。中国に行くおカネもないし、実際に墨家の人たちと話したこともないんですが、儒教の人たちとも違うし、道教の人たちとも違うということはウィキペディアに書かれています。

宮古　平和的な穏やかな生き方、要するに悟りに向かう生き方です。ミトラの名前がだんだんミロクに変わって、弥勒経になりました。アルメニアでやっているお水取りはミロの儀式と言います。ミロクの儀式という名前がついているんです。

河野　「墨家」の「家」という字はいいとして、「墨」という字は「黒い」「土」です。この字自体の解釈をし始めると、いろいろ切りがないんですけれども、「黒」は簡単にイメージすれば八咫烏（やたがらす）とか、神話的にはいろいろ出てきます。

宮古　八咫烏とまたいろいろ関係してくるんです。八咫烏の秘密がわかっちゃったんですが、このお話をすると長くなりますので、また別の機会にお話ししたいと思います。

第5章

豊玉姫のヒミツ

トヨタマヒメ（豊玉姫）、「豊」と「玉」の意味

河野　ここでは女神様の第2弾として、トヨタマヒメ（豊玉姫）の解釈について説明していきたいと思います。

宮古　「トヨタマヒメ」はものすごくポピュラーな神様の名前です。記紀に出てきますし、龍宮の乙姫様にたとえられています。

河野　『古事記』『日本書紀』では、海幸山幸の山幸の妻、ウガヤフキアエズの母親、神武天皇の祖母ということになっています。

宮古　そんないろいろなことを言われているトヨタマヒメの、たくさんある名前をご紹介したいと思いますが、その前に「トヨタマヒメ（豊玉姫）」の「豊」と「玉」に意味があって、その説明をしま

す。

「豊」は「ホー」と読みます。「ホー」は女王様という意味です。インドのほうでは「ホー」で、「ホー」がチンギスハンまたはチンギスカンの「ハン」「カン」になって、それがまた「和魂（にぎみたま）」の「和（ホー）」になり、最後は水戸藩の「藩（ハン）」になります。実は江戸時代には「藩」が全く使われていなくて、「常陸国」のように「○○国」と言っていました。明治になってから「藩」という言葉を使っています。

「藩」のもとが「豊」で、「豊」は女王様という意味ですが、「玉」もまた女の人をあらわします。日本語を調べていくと、同じ言葉を2回続けるということがありますから、「豊玉」＝「女王様／女」とちょっとしつこく書いて、最後は「姫」になります。

誰もがトヨタマヒメの話は九州から来ていると思っています。でも、「豊玉姫」の名前が一番多く使われているところは、実は東京なんです。多摩川は豊玉姫の「玉」から来ています。豊島区、豊多摩郡もそうです。豊多摩郡はもうないですが、豊玉という地域名は残っています。豊島区、豊多摩郡が東京でトヨタマヒメの牙城と言われています。第1章で言ったようにサキタマヒメ（埼玉姫）が埼玉で、東京のほうに来るとトヨタマヒメです。

トヨタマヒメの居場所の一番の中心は、都庁があるところです。都庁になる前は淀橋浄水場だったんですが、そこの前の淀橋というところが大きな沼で、トヨタマヒメのいたところだと言われています。だから、トヨタマヒメはヨドヒメとも呼ばれます。それだけでもすごい情報という気がします。「淀」を使っているのが大阪の淀川です。淀川は瀬田川として琵琶湖から出て、途中、京都に入ると宇治川になり、そして桂川と合流して大阪府に入ると淀川に変わります。

トヨタマヒメの多くの別名

宮古　トヨタマヒメには別名がたくさんあるので、別名について説明します。

　トヨタマヒメの別名として、皆さんはあまり知らないと思いますけれども、タケウチタラシニ（武内足尼）があります。タケウチタラシニを調べていくと、タケノウチスクネ（武内宿禰）が出てきます。

河野　「足尼」と書いて、アカデミズムでは「すくね」とか「すくに」と読ませています。「○○ノスクネ」で「足尼」という字を使っている場合があります。タケウチタラシニの「足尼」を「すくね」と読むと、タケノウチスクネになります。

宮古　そうすると、タケノウチスクネは男ではなくて女の人ということになります。

河野　タケノウチスクネは、5代、300年ぐらい天皇に仕えていたとされています。そんなに長生きできるわけないので、つくられた架空の人物ではあると思いますが、その大もとがトヨタマヒメ、別名タケウチタラシニになります。

宮古　タケノウチスクネが一番仕えたのが、神功(じんぐう)皇后という女王様です。明治になると、神功皇后やタケノウチスクネの肖像が印刷されたお札が発行されました。明治政府がなぜ彼らのお札をつくったのかがまたミステリーなんですが、それはいつかお話ししたいと思います。

トヨタマヒメの別名は、ほかにも寒川神社のサムカワヒメ（寒川姫）、氷川神社のヒカワヒメ（氷川姫）がそうです。それから、全国どこにでもあるような神社だけれども、大宮神社のオオミヤヒメもトヨタマヒメの別名です。あと、イチキシマヒマヒメ（市杵島姫）、ヌナガワヒメ（奴奈川姫）という別名もあります。これらの名前も全部トヨタマヒメの名前を変えてつけているということです。

トヨタマヒメと川の関係

河野　寒川神社は神奈川県に多く、氷川神社は、淀橋浄水場を牙城にしていたトヨタマヒメにとってはすぐ隣の埼玉県に多くあります。トヨタマヒメは第1章でお話ししたコノハナサクヤヒメと表裏一体のような関係があって、武蔵国を中心に関東地方にいたらしいということがわかります。

宮古　九州のほうというか、南のほうから名前がこちらに流れてきているというのが通説ですけれども、出雲神話に出てくる斐伊川とか、九州にある樋井川とか、埼玉の氷川神社がもとになって、九州のほうで後で名前をつけた可能性がちょっと感じられます。

もともとトヨタマヒメは、淀橋浄水場とか、斐伊川とか、寒川とか、川と関係しています。川というのは、山の頂に降る雪が積もって万年雪のようになり、それが解けて冷たい水が流れることで生まれますから、氷川神社の氷川姫とか、寒川神社の寒川姫とか、「氷」「寒」という字がついています。こういう神話はそのもとをずっとたどっていくと、大体インドのほうから来ています。ヒマラヤの万年雪のヒマラバットという山の女王のお姫様が、ガンジス川の中に流れてサラスヴァティという川の神に変わる。冷たい雪の山の女王が解けて川の女王になる。双子の女王と言われているんですけれども、2人で1つみたいな感じの位置づけです。

山の氷は春になると解けて、山裾に湧き水として出てきます。今の田んぼは川から水をポンプアップしますが、昔の田んぼは山裾にあって、湧き水で稲を育てていました。トヨタマヒメが山の頂の凍った雪が解けた冷たい水を運んで、その冷たい水がぬるんだころに田植えをするというのが春の祭りです。春の祭りは、水をすごく神聖視する水信仰があります。その水信仰が、一番最初に雪解け水として出てくる水を迎えるお祭り、東大寺のお水取りにつながっているという説があって、恐らくそうだと思います。春の雪解けが始まるのが2月ごろなので、東大寺のお水取りは二月堂で行われます。

第2章で少しお話ししましたが、お水取りの儀式は、日本以外でもアルメニアで春の儀式として今でも行われています。この儀式は、アムリタという不老不死の水を信仰し、7年に1回、世界平和を願って行われ、「ミロの浄め」と呼ばれています。ミトラ神は紛争状態を調停して平和をもたらす神ですから、「ミロ」はミトラ、ミロクのことだと思います。「ミロの浄め」は1976年と1983年に行われています。

河野　それが二月堂のお水取りの原型ではないかと言われています。

太陽霊鳥／三足霊鳥　八咫烏（やたがらす）

河野　この辺の地域（茨城県北部）では、山の水が解けて川に流れてきて春を迎えるという合図の1つとして、山の神を里におろすということで、正月の3日に畑に出て「烏、烏、カンザブロウ」と烏に声をかける風習があります。

宮古　そのときに春の水を呼ぶ動物が烏なんです。烏というと、話が自然と八咫烏に行ってしまいます。神話的には太陽霊鳥・八咫烏が太陽の光を運んでくるという話にだんだんなっていくんですけれども、実は「からす」は、ギリシャ語で「美しい」という意味の「カロス」に変わります。その名前を調べると、マリア・カラスもそうですけれども、「美しい」「きれいな」「ピカピカした」「虹色に光る」という意味があるんです。

河野　「虹色に光る」というのは、貝の裏側の光と言うと、感じがわかりやすいと思います。アコヤガイの裏を見ると、ピカピカ虹色に光っています。

宮古　烏は、日本では「烏の濡れ羽色」という言葉もあるように真っ黒で、「カーカー」鳴くというふうに定着していますが、羽が角度によって緑色になったり紫色になったり虹色に光る、ものすごくきれいな鳥で、太陽の光を運ぶ神聖な鳥と言われました。太陽の光を運んで、春の水を地元に落としてくれるというので、鳥を使ったお祭りの風習が今でもこの辺にはあります。それがなぜか神武東征のときに八咫烏が神武を案内したという『古事記』の話に発展したのだと思うんですが、インドから来た神話系のほうが古いはずなので、八咫烏は都合よくつくった可能性があります。

河野　八咫烏は一般的には大きな烏、八咫の烏という話になっていますが、別名は太陽霊鳥です。太陽は英語で「サン」、インドの文字である「サンスクリット」は「サン」「スカート」です。

宮古　雲間から光が差す様子は、英語ではエンジェルリフト（天使の階段）と言いますが、スカートのように見えます。太陽の光がスカートのように差すというので「サン」「スカート」。

河野　「サン」「スカート」が「サンスクリット」になって、太陽霊鳥は別名、三足霊鳥と言うんですが、「サンスクリット」のなまりが「さんそくれいちょう」でいいんじゃないか。

宮古　三足霊鳥・八咫烏は太陽の光を運びます。物部氏は、後ろに日をしょっている鶴、「日負鶴」を家紋としていますが、「日負鶴」

と三足霊鳥・八咫烏は恐らく同じ意味だと思います。

河野　太陽を背負うと何でも黒く見えるので、それで黒い烏になっちゃった。

宮古　逆光になっているということですね。

ニビルは地球の氷河

宮古　新しいお水をお迎えする春の祭りが、お水取りに発展します。多分新しいお水を取ると縁起がいいとか、気が変わるということでお水取りをすると思うんですけれども、水は最終的に海に流れていってしまいます。だから、今度は海から山に上がってきて秋の祭り、収穫祭をする。そういう春と秋の季節の循環があります。

河野　簡単に言っちゃうと大気の循環です。

宮古　ゼカリア・シッチンがシュメールの粘土板を訳して、「楕円軌道のニビル星が地球に近づくと、大洪水などの天変地異が起こる」という説を唱えました。実は万年雪のことをニベスと言います。この「ニベ」から結構いろいろな単語が生まれるんですけれども、ニビルの語源を調べると、万年雪のニベスしかないんです。

河野　「ニビル」の意味がわからなかったので、語源を相当調べました。

宮古　万年雪という方向で考えると、万年雪だから凍っているわけですが、宇宙から飛来して地球に近づいてくる楕円軌道のニビル星が凍っているというよりは、地球が凍っているということではないか。凍った星が宇宙から飛来するというよりは、地球自体が氷河期になると考えたほうが現実的で、恐らく氷河のことをニビルというのではないか、そう考えたんです。

すごい氷河期がいつ来るかをメソポタミアでは測定していたはずです。歳差運動で北極星を観察することによって、いつか来るかがわかっていて、今残されているメソポタミアの星座の位置がもしかしたら氷河期を示しているのではないか。そこら辺ははっきりとはわかりませんけれども、ニビルはニベスと一緒なのではないかと推測しています。

河野　歳差運動を測定しているらしい神社が茨城県常陸太田市にあります。それは72年ごとに大祭礼を行う西金砂神社です。歳差運動は72年に1度ずれていくという話なので、それにピッタリする祭りは、日本中に西金砂神社しかないんです。

宮古　万年雪のニベスは、もう1つ、スネーク（蛇）の語源なんです。ニベスから派生した言葉の中に蛇が出てくるんです。なんで蛇なのか。雪が固まってニョロニョロしているように見える形状からなのか、はっきりわからないんですけれども、『天空の蛇』（ジョン・アンソニー・ウェスト／翔泳社）という本を読んで、蛇はニベス、ニビルのことを言っているのかもしれないと推測しているんです。

河野　あとは、波打ちながら自転している銀河が蛇に見えるのかもしれません。

宮古　天空ですよね。というふうに、トヨタマヒメを調べていくと、深くいろいろなことがわかってきます。

トヨタマヒメのルーツ

河野　お話ししたように、寒川神社のサムカワヒメ（寒川姫）、氷川神社のヒカワヒメ（氷川姫）は、トヨタマヒメの別名です。寒川神社はサムカワヒコ、氷川神社はスサノオが祭神になっていますが、

本当の祭神はトヨタマヒメではないか。トヨタマヒメの「豊玉」は女王をあらわす典型的な名前であって、我々としてはオキツヨソタラシヒメ（瀛津世襲足姫）と言ったほうがわかりやすいと思っています。

これもトヨタマヒメの別名であるヌナカワヒメ（奴奈川姫）は、ある程度詳しい方はご存じだと思いますが、越のヌナカワヒメで、諏訪神社の祭神であるタケミナカタのお母さんです。奴奈川は糸魚川のことで、神話ではタケミナカタは日本海側の糸魚川から諏訪まで逃げてきたという話になっています。確かに糸魚川市を流れる姫川沿いには諏訪神社が30社ぐらいズラーッと並んでいるようです。

宮古　姫川の上流は長野県です。水源である白馬の先、長野のほうに行く間に安曇野があって、さらに行くと諏訪です。

トヨタマヒメのルーツをお話ししますと、トヨタマヒメのおばあさんはオキツクシイ（意支都久辰為）です。オキツクシイをもうちょっと簡単にするとオキツクシヒメ（瀛津櫛姫）です。「クシ」は女王という意味なので、隠岐国の女王ということになります。「瀛」という字は、海を渡ってきた人という意味です。秦の始皇帝・嬴政の子孫が海を渡ってきたので、「嬴」にさんずいをつけて、国字として「瀛」という字をつくりました。オキツクシイは実はイザナミですから、イザナミは秦の始皇帝の子孫です。

トヨタマヒメのおばあさんであるイザナミの夫はイザナギです。イザナギは朝鮮の人です。といっても、今の朝鮮人とは全く関係ありません。一応新羅の人となっていますけれども、アラカヤというところに住んでいた人です。イザナギはハキニシキとも言います。

イザナミは、オキツクシイ、オキツクシヒメのほかにも別名があります。まず玉帽子夫人。玉帽子夫人の「帽子」には意味があるんですが、その話はもうちょっと後でします。もう1つの別名は熊野大社にいるクマノフスミです。トヨタマヒメの別名にイチキシマヒメがありますが、イチキシマヒメも熊野大社にいたと思います。イザナミ（オキツクシイ）の娘に越櫛姫がいます。越櫛姫は黒姫といって、カマタヒメ、ニウツヒメという別名があります。イザナミは中国から渡ってきて、富山とか長野のあたりにいました。越国で生まれたのが越櫛姫（黒姫）です。越櫛姫は越国、長野あたりに住んでいたお姫様だから「越」がついています。越櫛姫の子どもがヌナカワヒメ、つまりトヨタマヒメです。

女王の右手　「五」の意味

宮古　ヌナカワヒメ（奴奈川姫）の「奴」は、「奴隷」の「奴」ですが、女の人の右手という意味です。女の人の右手は5をあらわし、

5は女王をあらわします。那須与一が矢で射た五本骨扇は女王様をあらわしています。

河野　「五」という字は、昔は「×」の上と下に横棒を渡したような字を書きました。それが「五」の古い字形です。「五」は天と地の間を結ぶという意味です。

宮古　「五」は天と地とつかさどる。天と地をつかさどる「五」を右手であらわしたのが「奴」です。だから「奴」は、「奴隷」の「奴」になってしまっているんですが、女王様という意味なんです。般若心経の「般若」は、五という意味、また光という意味もあります。

河野　「五」の旧字の「×」の部分は太陽の光を意味しています。天と地の間を結ぶものは光だと言っているわけです。「×」は「サン」「スカート」、「サンスクリット」になります。地球は太陽のエネルギーそのもので生かされているというのが「五」の意味です。

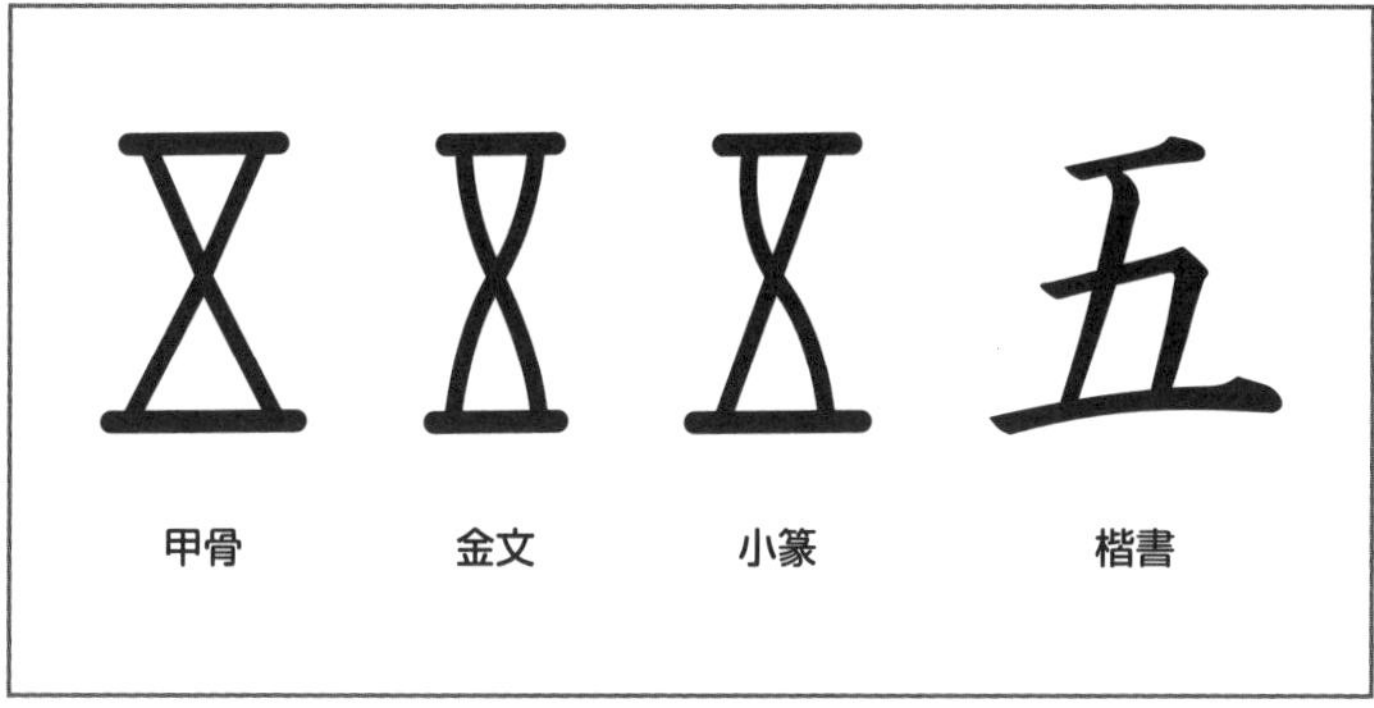

「五」の字源

また、白川静さんの『字統』にも載っていますが、「×」は五行をあらわします。陰陽五行説がここで出てくるわけです。木火土金水の五行が万物の根源であるというのが修験道や陰陽道の理解です。

我々の研究のもとになっている百嶋由一郎先生が、九州の神社で、ある神紋を見つけ、その神紋に「円天角地に十字剣」という名前をつけました。円は天、四角は大地をあらわします。十字剣は漢字であらわせば「五」になります。ここから陰陽師につきものの五芒星が出てくるんですが、旧字の「五」は「×」の上下に横棒ですから、下向き三角（▽）と上向き三角（△）、三角が2つあります。この頂点と頂点がくっついた2つの三角をずらすと六芒星に変わります（✡）。五芒星も六芒星も実は同じことをあらわしていて、簡単に言えば「女王様の右手だよ」と言っているんです。

宮古　女王様の右手である五芒星、六芒星を、スピ系の人たちはちょっと怖いようなイメージのマークにしています。

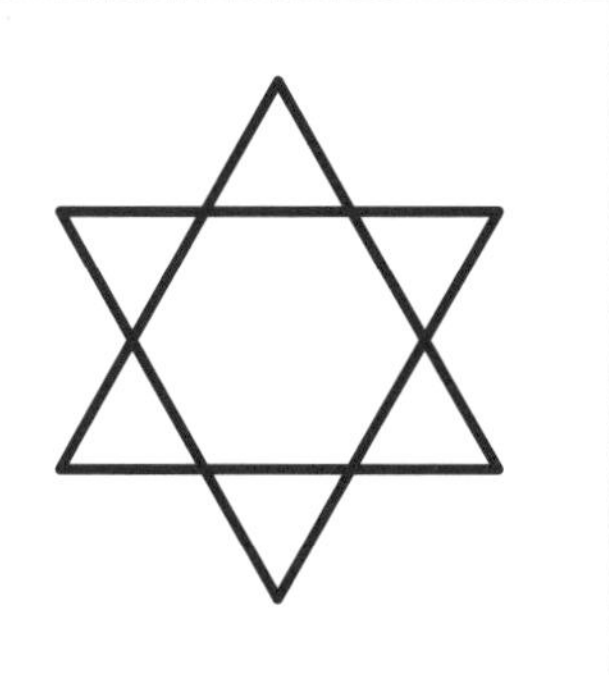

五芒星・六芒星・バフォメット

河野　ユダヤのマークとか、悪いほうのイメージになっています。確かにバフォメットも五芒星をつけていたりしますけれども、五芒星、六芒星は、全ての源である太陽そのものをあらわしているということです。

この地区は常陸国なので、中世には佐竹氏という470年も続いた武将がいました。佐竹氏は、家紋が五本骨扇に月丸ですので、恐らく女系のはずです。それと、扇を射た那須与一は栃木県、那須国です。

宮古　那須与一は避暑地として有名な那須にいました。

河野　那須国と常陸国は隣り合わせです。那須与一が扇を射るということは、那須対佐竹の攻防をあらわしているのかもしれません。

河野　それから、ひな飾りのお内裏様は笏（しゃく）を持っていますが、おひな様は扇を持っています。扇は女王様の象徴です。

宮古　「お内裏様とおひな様」と言うけれども、おひな様のほうが中心です。扇を持てるのは女性だということです。

大嘗祭の意味

宮古　「五」は天と地を結びます。巫女の「巫」という字も天と地を結ぶ人が2人います。先ほどお話ししたように、山と海の循環のために、山の女王と海の女王はいつも2人です。2人で1人とも考えられます。巫女も必ず2人必要です。これが実は大嘗祭の話とものすごく関係があるんです。話してしまっていいのかちょっとわからないんですが。

天皇の代がわりがあったので、今度、大嘗祭が行われます。大嘗祭は中でどんなことが行われるのか誰もわからないんですが、男衾というものが大嘗祭にとても関係しています。埼玉県に男衾神社がありますけれども、男衾というのは袋のことで、その男衾に天皇はくるまれているんです。

河野　どてらみたいなイメージだとわかりやすいかもしれない。

宮古　というか、女性は知っているかもしれませんが、裏がついている着物をあわせといいます。あわせは同じ着物を裏と表で重ねていますから、袋状になっています。そういう形を男衾といって、それが布団にたとえられているんです。なぜ布団にたとえられるのか。実は男衾は子宮なんです。

天皇は天から来た人です。天皇の魂が人間に入り、その肉体の衣を脱いで、新しい肉体の衣に移る。つまり、前の天皇の魂が新天皇に乗って、前の天皇が生まれかわる。そうやって天皇をずっと継承するというのが大嘗祭のほんとの意味で、生まれかわるからどうしても子宮が必要になる。子宮をあらわすのが男衾なんです。

天皇のもともとの名前は皇帝です。だけど、皇帝の家来である「天皇」といい、しかも男天皇になってしまいました。天皇制度は母系制度から男系男子による継承の男系制度になったのですが、母系制度を否定しながらも、天皇家は実際には女王様を拝んでいます。母系社会が自然な社会であり、子どもを産まない男が上に立つのはすごく不自然なことです。それゆえ男の天皇には罪、ケガレがあり、折口信夫の本を読むと書いてありますけれども、大嘗祭のときは2人の巫女が出てくるんです。

2人の巫女は姉妹なのか親子なのか判然としないのですが、必ずその人たちに浄化してもらわないと天皇の魂が入れない。2人の巫女が、魂を入れる新天皇を浄化するということがあるんです。それを『古事記』の中では「直会（なおらい）」、「神直（かみなおい）」と言います。カモタマヨリヒメが「神直（かみなおい）」でケガレを直します。直してきれいになった体に天皇の魂を入れるのが大嘗祭の儀式です。そんなことは宮中では教えてくれないと思います。「違う」と言うかもしれないけれども、多分そうだと思います。折口信夫の本にはそう書いてありました。「かみなおい」をすると天皇の魂が新天皇に入ります。その後、「直会」をします。神社で宴会をするのを「直会」と言うのはそこから来ています。「直会」をする人たちの家系があって、それが大膳職です。

河野 天皇に御飯を出す人たちを大膳職と言います。

宮古 大膳職の話は歴史的なことで、トヨタマヒメから外れますし、ものすごく長くなってしまいますので、ここでは「大膳職はすごく神聖な人たちである」と言うにとどめます。

踏みつけられたナマズ

宮古　トヨタマヒメは川の女神なので、水生動物にたとえられています。龍神、蛇、サメ（カウラザメ）、ワニ、ナマズは、トヨタマヒメをあらわしている言葉です。

河野　十三参りをする虚空蔵尊のお寺があちこちにあります。どこの虚空蔵尊だったかちょっと忘れてしまいましたが、その地域ではナマズを食べません。神様だから食べられない。

宮古　トヨタマヒメを信仰していて、ナマズはトヨタマヒメをあらわすから、信仰しているものは食べないという単純な発想の信仰形態です。ナマズは九州の阿蘇地方の蹴破り伝説の中に出てきます。

河野　ついでに言いますと、ナマズは地震のもとと言われていて、鹿島神宮には地中のナマズを抑えているとされている要石や、タケミカズチがナマズを踏みつけている石像があります。そういうふうにナマズを敵対視するような扱いをしているのは、後世、タケミカズチ系を祀った人たちが、トヨタマヒメを悪者にするというか、女神様をちょっと下に置くためだったのだろうと思いますが、実際のところ本当の女神様なので、ナマズが暴れると大変なわけです。

宮古　トヨタマヒメは清瀧大権現（せいりゅうだいごんげん）という怖い名前も持っています。雷、雨、天気、龍神は全て女神様を指します。

河野　神社に行って、龍神を祀っているはずなのに男の神様の名前になっていたら、そこは女神様を正当に扱っていないなと疑ったほうがいいです。

フラワー・オブ・ライフとＭＫウルトラ計画

宮古　トヨタマヒメ、女性が子どもを産むということから言うと、フラワー・オブ・ライフは、人間になるための万能細胞を幾何学的にあらわしています。

河野　ＳＴＡＰ細胞。ここから始まるんです。

宮古　超古代に恐らくそういう研究があったのかもしれません。

フラワー・オブ・ライフの基本形は、２つの円が重なったときの中央の部分、ヴェシカパイシスと言われる魚のような形です。仏教が魚をモニュメントとしているのはヴェシカパイシスが始まりです。それを体系的な学問にしたのが、神智学のブラヴァツキー夫人です。

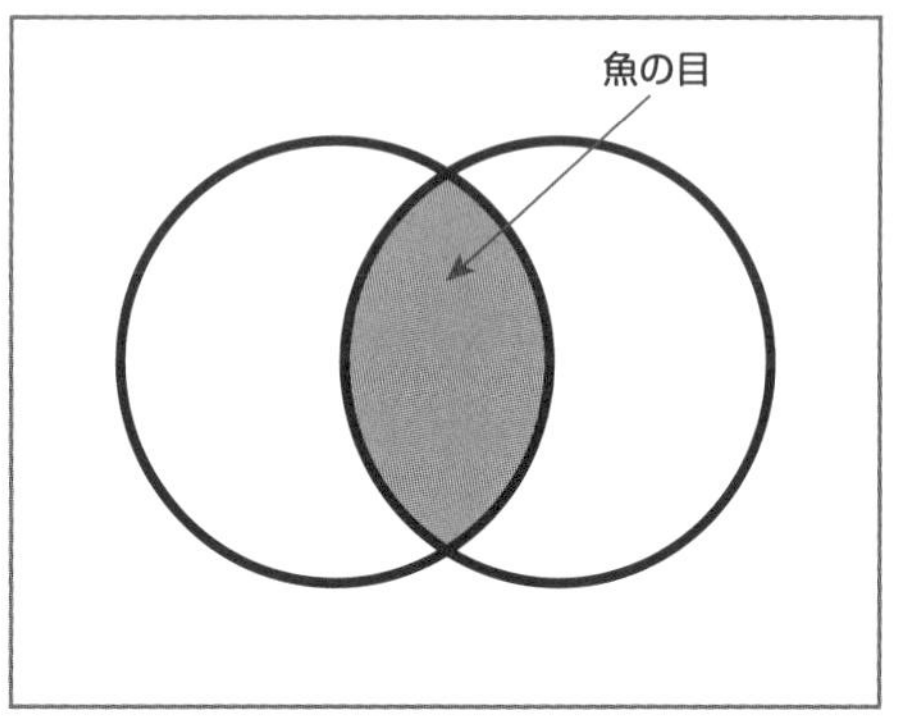

ヴェシカパイシス

夫人は、自身も相当強い霊感の持ち主だったようですが、トランスヒマラヤ（中央ヒマラヤ）あたりで行われていたチャクラやオーラの研究をまとめました。その後を継いだのが、シュタイナー教育のルドルフ・シュタイナーです。

シュタイナーの教育法だと、子どもが目覚めやすい、悟りやすい、自分の道を見つけやすいと言うんですけれども、シュタイナーが継承した神智学的なものを悪用し始めたのが、ガーター騎士団とか、白薔薇騎士団とか、キリスト教とはまた別に裏にいる○○騎士団の人たちです。騎士団は十字軍遠征で自分たちと違う宗教の人たちを異端者狩りとして、たくさん殺しました。それが現代に至ると、イギリスの怖いタビストック研究所とか、同研究所とアメリカのＣＩＡが行ったＭＫウルトラ計画とか、もともと持っていたチャクラとオーラ、般若心経の中で言われているものが、どんどん悪用されていってしまった歴史があるんです。

次期天皇を決めた大膳職

宮古　大嘗祭は「おおなめまつり」とも読みます。何をなめるかというと、食べ物をなめる。あえものを味わうという意味です。大嘗祭が行われるのは新天皇が即位したときです。天皇家は男系男子によって継承すると決めてしまったから、天皇の息子が次の天皇になりますが、実は古代はそうではありませんでした。大膳職が次の天皇を決めました。次に天皇になる方に食事を差し上げるのが大膳職の仕事でした。折口信夫の本には、次の天皇を決めるときに食べ物を差し上げるということも書いてありました。次に天皇になる方は騰宮（とうぐう）といいます。足一騰宮（あしひとつあがりのみや）という神社が「騰宮」のもとです。

大膳職の祖はイワカムツカリ（磐鹿六雁）です。イワカムツカリを祀る神社が小山市の高椅（たかはし）神社です。

河野　あとは千葉の高家（たかべ）神社です。

宮古　高家神社では、まないたの上で鯉をさばくイワカムツカリの儀式、包丁式が行われています。包丁式の様子は報道などで皆さんもたまに見るかもしれません。

河野　景行（けいこう）天皇が東国に来たとき、イワカムツカリが海の魚を酢であえて膾（なます）にして献上したのが大膳職の始まりのようです。イワカムツカリは、料理の神様、包丁の神様になっています。イワカムツカリがタケミナカタになってしまうという話は、男の神様について話すときにしたいと思います。

宮古　もともとの母系社会では、女王様を守る人が天皇という位置づけなんです。ほんとは「天皇」という言葉もないので、女王様を守る男の王様です。男の王様イコール近衛兵という位置づけです。

女王様が次の女王様を産むと、次期女王様である赤ちゃんの娘に、将来近衛兵としての男の王様になる同じく赤ちゃんの男の子を選んでめあわせます。女王様は、自分の娘のお婿さんになる男の子にも自分の乳を与えます。これは少し不思議な感じがしますが、そうすることで次の女王様と次の男の王様は乳きょうだいになります。

それを男側から言うと、男の子に乳を与えた女王様は乳母です。女王様を男の王のほうから呼ぶと乳母になり、乳母から乳、要するに食べ物を与えられた人が次の王様、天皇になれる。母系のやり方を男系に直したわけです。そういうふうに女性側にあったことを全部男性側に置きかえているんです。

第6章

女性の名前からひもとく知られざる歴史

女系社会の儀式を乗っ取った男系社会

宮古　最近ツイッターで私が話題にしていたことですが、女性の生理や出産をすごく汚らわしいもの、ケガレと捉え、巫女さんは生理のときはお祈りしたりすることができないというのが宮中の考えです。安倍前首相が言った「女性が輝く社会」とギャップがあるその考え方は、ゾロアスター教、古代イスラエルのユダヤ教が最初です。女性の生理や出産をケガレと捉えたのは男系男子の社会にしたかったからです。男系男子の社会を提唱したのがゾロアスター教、ユダヤ教であることは、はっきりわかっています。

卑弥呼は雨乞いで雨を降らせる巫女女王でした。みのを着てひしゃくを持ち、もう雨が降っているというイメージで雨乞いをするので、「卑弥呼」ではなくて「萆弥呼」とするのが本当です。「卑」に草冠がついた「萆」という字は、みのを着てひしゃくを持っているということです。でも、萆弥呼の雨乞いは、男系男子の社会になってから男性がするようになりました。法隆寺では今も、長い髪のかつらのようなものをつけ、みのを着てひしゃくを持って雨乞いをする蘇莫者（そまくしゃ）の舞いをやっています。本当は女性がやっていたものを男がやるから見苦しいんですが、そういう雨乞いの儀式を今もやっています。

「萆」から草冠を取った「卑弥呼」という名前は、我々からすると卑しい女の人であるかのようなイメージですが、そうではありません。そのことについては後述します。とにかく、2000年前に母系社会で行われていた全ての儀式が、男系社会の中で男がやるように再現されていて、雨乞いもそうですし、もらい乳の話の大膳職もその1つであるということです。

河野　「乳」は「にゅう」と読みます。「にゅう」は「入」という字に変わっていきます。崇神天皇はミマキイリヒコ（御間城入彦）、垂仁天皇はイキメイリヒコ（活目入彦）という名前です。天皇の名前に「イリ」がつく時代があって、それをイリ王朝とする考え方がありますが、結局、「入」は「乳をもらった人」です。崇神のときから男系が始まるような系図をつくってしまった人たちがいるということです。

宮古　婿の場合だけ「入り婿」と言い、「入り嫁」とは言いません。女の人が中心で、乳をもらった人が王様、「入彦」「入り婿」になるんです。

河野　「入」はにゅうと読みますから、「新」になります。「乳」から「新」に変わります。例えば地名として、九州の「新田原」があります。読み方は、「しんでんばる」と「にゅうたばる」、九州では両方あるようです。

宮古　もともと野原だったところを開拓してつくった田んぼを新田といいます。今までにないものが入ったということで「新田」を使っているのではないかと思います。

田んぼで思い出しましたが、田んぼで行われる作業にしろかきというものがあります。田舎の人でないとわからないですけれども、春になって田んぼに水を入れて、耕してドロドロの泥の状態にする作業をしろかきと言います。「しろかき」の語源は「シロッコ」「シロップ」で、ドロドロのジュースのような状態という意味です。イタリアのほうにはシロッコという地名がまだ残っています。「シロッコ」はまさに泥と水がまじったドロドロの状態という意味で、それが「しろかき」と日本語化しました。

河野　最初にオノゴロ島をかきまぜている状態がしろかき、シロッコですね。

「葦弥呼」「卑弥呼」の意味

河野　「葦弥呼」の「葦」は象形文字で、みのを着て、ひしゃくを持ってお祈りをしている髪の長い人という意味です。「葦」の草冠を取った「卑」は、今の日本語では「卑しい」という意味にとってしまいますが、『字統』には、そういう意味では全くなくて、ただ単にひしゃくという意味であるとしっかり載っています。だから、雨乞いをする人たちを「卑弥呼」と呼んでいたということでいいのではないか。白川静先生は大したものだと思います。

ところで、葦弥呼は、みのを着て、ひしゃくを持って、どこを向いて雨乞いをしていたのでしょうか。

宮古　ひしゃくの形をした北斗七星ですね。

河野　北斗七星を向かないわけがない。北天を向き、みのを着て、もう雨が降った状態をイメージしながら、ひしゃくを持ってお祈りする。これがほんとの雨乞いです。北辰信仰はそこから出ていて、有名な白山菊理姫もある意味、卑弥呼の1人でよいと思います。

宮古　雨を降らせるとか、不思議な現象を起こす能力がある巫女女王が卑弥呼と呼ばれていた。卑弥呼は1人だけというよりは、ある時代時代に国には必ず卑弥呼という巫女女王と、巫女女王を守る親衛隊としての王様がいたのだと思います。

河野　邪馬台国の卑弥呼が有名になっちゃっているので、特定の個人を指す名前だと思いがちですが、そう思わないほうが理解しやすいのかなと思います。

宮古　役職名という感じで考えたほうがいいと思います。オオクニヌシもそうですし、トヨタマヒメも、「豊」と「玉」の両方とも女王ということですから、すごい女王であることを意味する役職名のようなものだと思います。

秀吉の朝鮮出兵は女王国への加勢だった

宮古　これも白川静の『字統』にしっかり載っていますが、タケノウチスクネ（武内足尼→武内宿禰）の「禰」は、示偏がつかない「爾」が女の人をあらわす象形文字です。女王様が亡くなったときに背中に×を4つ書きました。×が4つあるのがなぜか女性をあらわす意味らしいのです。「爾」は女性という意味しかないので、タケノウチスクネ（武内宿禰）は本当は女だったのではないか。「爾」はニニギノミコト（邇邇芸命）の「邇」にも使われています。

河野　そういう意味では、ニニギノミコトも女性になりますね。

宮古　そうそう。

時代がちょっと飛んで戦国時代に変わりますが、女性という意味の名前を持っているのが、ねね様です。ねね様はトヨタマヒメのずっと後々の子孫に当たる、とうとい血の女王様です。タケウチタラシニ（武内足尼）あるいはタケノウチスクネの子孫とも言えます。そして、それだけではなくて、実はねねはモンゴルの元の親戚なんです。秀吉がなぜ朝鮮に出兵したのかはものすごくナゾだと思うんですが、ねねが元の親戚なら、夫の秀吉も元と親戚です。だから彼は朝鮮に出兵して、元と敵対する明・李氏朝鮮軍団と戦ったのです。これは誰も言っていませんが、実際にそうなんです。

ねねはモンゴル系と親戚で、匈奴の呼韓邪単于（こかんやぜんう）という王様とその妻の王昭君（おうしょうくん）の血も入っています。それを証明するのが、ねねの親族の加藤清正が熊本城につくった「王昭君の間」です。「王昭君の間」をつくったということは、先祖を祀ったということです。王昭君は前漢時代の女性で、中国では、すごく野蛮な匈奴の王様、呼韓邪単于に差し出されたと伝えられていますが、とても幸せに暮らしました。その子孫が日本に来ていて、それをずっとたどると、加藤清正、ねねの話になるのです。呼韓邪単于の話と、それからつながる源義経の話はすごく深いので、今回はおいておきます。これはまだはっきりしていないことですが、ねねは多分義経とも親戚だと思います。

元と敵対する明は儒教の国ですから、実はユダヤ教、サマリア人です。李氏朝鮮も明の弟の国と言われ、ユダヤ教、儒教の国です。それに対して、モンゴルの元は女王国で、太祖チンギス・ハーンは実は義経です。元は、歴史的には明に滅ぼされたことになっていますが、実際にはただモンゴルのほうに追いやられただけで、その後、後金という国名になって明と戦いました。元と後金と最後の清王朝は全部モンゴル系列の国です。ねねの旦那である秀吉が、明の子分だった李成桂（イソンゲ）が建国した李氏朝鮮に出兵したのは、自分の親戚である元に加勢するためでした。

結局、明は滅びました。江戸時代、負けて日本にやってきた明の人たちが、黄檗宗（おうばくしゅう）という禅宗の人たち、萬福寺（まんぷくじ）の黄色い軍団です。

河野　萬福寺は隠元和尚が有名です。

ヒクソスの裔

宮古　ユダヤは自分たちのことをいかにもすばらしいように言いますが、ユダヤの人たちはいけにえ宗教であるユダヤ教を信仰し、バビロンの捕囚とカッシートの捕囚、2回の捕囚に遭っています。よ

く「ユダヤの失われた10支族」がどうのこうのと言いますが、結局、彼らはアッシリアに負けて、メソポタミアとかあの辺の中東にいられなくなりました。彼らが中国に逃げてきて後々に建国したのがはっきりとしているのは明と宋であり、明の国の人は中国語を使っていませんから、中国の人たちは誰も明という国のことを説明できないのです。

明を建国した人たちは、ずっとさかのぼると、エジプトにいたヒクソスと呼ばれた人たちです。「ヒクソス」は「異国の王」という意味です。ヒクソスはエジプトでエジプト人の子どもをいけにえとしてバアル神に次々と捧げました。怒ったエジプト人は反乱を起こし、「ヒクソス＝異国の王」を追い払いました。エジプトの人たちに負けたヒクソスはエジプトから逃げるのですが、その話が茅の輪くぐりにつながっていきます。また、海なんか割っていないのに、モーゼが海を割ったという伝説をつくり、宗教をつくっていきました。ユダヤ側からすれば、自分たちを正当化するための話です。

のちに成立したユダヤ教は、バアル教と激しく対立するのですが、モーゼの時代までユダヤ人は全てバアル教であり、正確にはバアル教の別派のオシリス教を信仰していました。

モーゼは元エジプトの神オシリスに由来するオサルシフと同一人物です。

エジプトから逃げたヒクソスの別名は、ヘブライ人、ヘブル人、ハピル人、ハビル人、アピル人です。「アピル」は犯罪者集団という意味です。子どもをいけにえする彼らは、「犯罪者」という名がつけられるぐらい嫌われ者でした。あちこちに逃げたユダヤ人は、今もやっているのかもしれませんが、逃げた先の国で必ずいけにえを捧げました。そのためにまた追われて逃げてということをずっと繰り返して、最終的には紀元前333年アレキサンダー大王に追われて中国に来ました。そういう誰にもわからない歴史が、武内宿禰の「禰」、「ねね」という名前からわかるのです。

第7章

仏陀は女性である

ねねと徳川秀忠、ねねと大奥

宮古　「禰」の「爾」は、女王という意味です。ねねは女王様でした。女王様であるねねに選ばれた男が豊臣秀吉です。通説では、豊臣秀吉と結婚したから、ねねが豊臣になったと言われていますが、「豊臣」は、トヨタマヒメ（豊玉姫）の「豊」に「家臣」の「臣」です。「豊臣秀吉」という名前は、女王様の家臣の秀吉という意味になります。そう考えると、今、日本の歴史で言われているような男系、一番上が殿様で、殿様に従う奥方様というのは、本当かどうかわかりません。

ねねは、豊臣秀吉が亡くなった後、家康に庇護されて、女性では最高の位である従一位までもらっています。また、徳川秀忠の面倒を最後まで見ました。秀忠は家康の子どもですが、名前に秀吉の「秀」がついています。秀忠はねねに大変な恩義を感じていたのか、家康とけんかをするぐらい、ねねに尽くし続けました。

秀忠のお母さんは、家康の側室のお愛の方です。彼女は早くに亡くなってしまいました。お愛の方の子どもの秀忠をねねがなぜ子どものころからずっと育て上げたのか。それは秀忠がねねの孫だからです。ねねには子どもがいなかったと言われていますが、ねねは女王様で、その次の女王様がお愛の方で、お愛の方が選んだのが家康です。ねねは自分の娘の子どもの面倒を見たわけです。

「愛」は「アルタイ」が語源で「愛」は「金」という意味です。「愛新覚羅」も「アルタイ」という意味です。「金」は「テムジン＝時金」と「チンギス・カン」が由来の名前です。

徳川時代になって、江戸城の奥のほうに大奥が設けられました。

大奥は表と御鈴廊下(おすず)でしかつながっていなくて、いかにも「きょうは誰」みたいに女性を選ぶ将軍のハーレムのような場所と考えられていますが、実際は豊玉姫の血を継ぐ女性を庇護していた場所ではないかと思います。そういう場所としての大奥をつくり、それを維持する仕組みを整えたのは、春日局です。春日局が誰の子どもで、どういう役割をしていたのか、話は複雑なのですが、絶対に春日局がねねと関係しないわけがない。そこはまだはっきり調べ切れていませんので、調べ切れたときにお話ししたいと思います。

明の遺民と済州島

宮古　明が清に負けてしまった後の話をします。

明は清と戦って負けました。李成桂が明の弟の国として建国した李氏朝鮮も、歴史的には400年ぐらい続いたことになっていますが、実際は1637年から清の冊封国になりました。明・李氏朝鮮の生き残りの人たちは済州島(チェジュトウ)に流され、そこでずっと暮らしました。その子孫が岸信介で、いろいろ調査してそこに目をつけたのがロスチャイルドです。

ロスチャイルドは中国全土を植民地にしたかったのです。みずから手を下さないで誰かにやらせるのがロスチャイルドのやり方ですから、中国の植民地化のためにまず日本を乗っ取り、日本人に中国、朝鮮を乗っ取らせたというか、日清・日露戦争を起こさせました。あれは全部ロスチャイルドの陰の力によるものです。日清・日露戦争のとき、その先棒を担いで戦争を支えていたのは、もちろん明治天皇もそうですが、明・李氏朝鮮の生き残りである済州島閨閥(けいばつ)の人たちなのです。

皆さんは「在日朝鮮人」と言いますが、実は彼らは朝鮮半島から来た朝鮮人ではありません。みんな江戸末期に済州島から密航して大坂に入ってきた人たちで、彼らを「在日朝鮮人」と言うのです。日韓併合のときに朝鮮半島から連れてこられた人たちは朝鮮から来たことを証明するものがあるけれども、済州島から密航してきた人は、「自分のふるさとは済州島である」とは言えない、どこの国にも属さない人が日本にはたくさんいるのです。

「在日朝鮮人」と言った場合、朝鮮半島の人ではなくて、済州島の人です。済州島の新羅系の人にはモンゴルに親戚（高麗一族）がいて、それが相撲協会とつながっています。それで元朝青龍関が日本に来ました。小泉純一郎のお父さんの鮫島純也とモンゴルの人たちは親戚なのです。横田めぐみさんのお孫さんと横田滋さんを会わせたことがありますが、その対面はモンゴルで行われました。そのからくりは、モンゴルと済州島の人が親戚だからです。

「石破」「石原」はモンゴル系です。モンゴル系の人にはイシュバルという名字があります。李氏朝鮮が清に負けたとき、二手に分かれて、済州島に逃げた人と、モンゴル高原に逃げた人がいます。そういう日本の国にも朝鮮にも中国にも恨みを持っている人たちを明治維新のときにロスチャイルドが利用しました。負け組の明・李氏朝鮮の子孫を利用する、それがロスチャイルドのやり方です。

河野　済州島の人たちは、韓国も北朝鮮も嫌いだし、中国も嫌いです。

宮古　彼らは、明の思想、ユダヤ教、儒教の思想です。

今現在、済州島はカジノ・アイランドになっています。済州島の人が気の毒だったのは、太平洋戦争が終わってから、南北朝鮮を分ける前に済州島四・三事件が起こったことです。それを起こしたのは、実を言うと済州島出身の人なのです。済州島の人たちが政界に進出するようになって、朴槿恵（パククネ）までが済州島出身の大統領です。彼らの出自を知っているのは済州島の人しかいません。だから、証拠隠滅のために自分の仲間を殺したのです。

河野　朴正熙（パクチョンヒ）が二万何千人を殺しました。

宮古　自分たちの出自を消すために、自分たちの身内、済州島の4割の人を殺したんです。そのときまた済州島から日本にダーッと脱出してきて、ここはカットかと思いますけれども、小〇ル〇子、和〇ア〇子、美〇ひば〇、都〇〇〇とか、芸能界に入っている人がいます。済州島四・三事件のときは既に受け入れ先があったのだろうと思います。

日本における済州島の系譜

河野　済州島の系統が特に九州、大阪に入っています。大阪では淀川流域の八尾あたりの河原に住みつき、土地を自分のものにして、安倍晋三記念小学校をつくろうと思っちゃうわけです。

宮古　大阪駅前に住んでいて、戦争中はよそに逃げていた人が戦後に帰ってきたら、そこがもう済州島出身の人の土地になってしまっていたそうです。ＧＨＱは済州島出身者に戦勝国人として治外法権を与えました。だから、日本人に何をしても罪にならなかったのです。戦勝国人の治外法権はもちろん岸信介にも与えられました。明治維新をやった人たちの子孫に与えられたのです。それがよく売国奴と言われている人たちだと思います。

そういうことはほとんどが関西で起きた出来事で、関東地方には余り関係ないのですが、栃木県は気の毒なぐらい関係しています。栃木県には岸の子分がいっぱいいるんです。

河野　佐野サービスエリアでストライキがありました。あそこの運営会社であるケイセイ・フーズの社長は岸（敏夫）という名前です。よく調べると「関係あり」なのではないかと思っています。

宮古　あと、ロート製薬とか、製薬会社はみんな岸の系統です。

河野　731部隊の系統になります。花王とか、クラレとか、みんなそうです。

宮古　あの人たちは戦前、動物の皮を干して、そこから膠（にかわ）をつくっていた人たちの子孫です。膠と言っても若い人はわからないと思いますが、自然のボンド、接着剤です。タイヤがパンクしたときに膠を塗ると接着力が高くて、今よりすごくよかったという話です。膠をつくっていた人が製薬会社をつくったり、化学メーカーをつくったりしているんです。

田布施（たぶせ）という地名が山口県と鹿児島県にあります。田布施には済州島出身者がいます。山口県の田布施は岸信介、鹿児島の田布施は小泉純一郎の父親の出身地です。小泉純一郎の父、鮫島純也は、高麗（こま）と言われているモンゴル系の人です。

河野　済州島のことを耽羅（たんら）と言います。

宮古　解読したときに、「たぶせ」は確か耽羅から来た人というような意味があったと思います。

ロスチャイルドの血

宮古　岸信介のプロフィールを見ると、佐藤という造り酒屋から岸家に養子に行ったことになっています。彼の父親については、どんなに調べてもほとんどわかりませんでした。ただ、佐藤栄作は岸信介のほんとの弟で、佐藤栄作のお父さんはアーネスト・サトウの孫です。アーネスト・サトウとお手伝いさんの間にできた子どもをグラバーが養子にとって育てました。その子が佐藤栄作の親です。グラバーには実子がいませんでした。彼はもしかしたらゲイだったのかもしれません。

アーネスト・サトウはちゃんと結婚していて、日本には彼の子孫がいます。彼は子どもを置いて故国に帰り、二度と日本に帰ってくることはありませんでした。向こうでは多分結婚していなかっただろうと思います。アーネスト・サトウ自身は「ロスチャイルドの子ども」と言われています。佐藤栄作、岸信介にはあちらの系統が入っているわけです。

前田ゴロウさんも「ロスチャイルドの子ども」です。ロスチャイルドは、その国の一番主要な部分に自分たちの血を受け継いだ子どもを政治家として入れて、その国を支配していくというやり方をします。それを裏天皇としてきっちりやったのが前田ゴロウさんです。白洲次郎も「ロスチャイルドの子ども」です。あの人は、東京大空襲が起きることを知っていたので逃げたと言われています。

ワールドメイトの深見東州（本名は半田晴久）もそうだと思います。深見東州と姉妹っぽいのが明治天皇の孫だと言っている中丸薫です。彼らは顔がそっくりだから親戚だと思います。

河野　写真を比べてみると、そっくりです。

宮古　そういうふうに悪い人たちも連綿とつながっているのです。

河野　そういう悪い人たちが、「国体」とか「我々が国の形だ」とか言って国を支配しています。神社、お寺、キリスト教と、宗教を何でも利用してやっている。それが日本の現状です。

釈迦十大弟子の名前

宮古　釈迦の十大弟子の名前の解説をしたいと思います。

1人目と2人目は、「釈迦の二大弟子」と言われています。

1人目は、般若心経で話しかけられている舎利弗(しゃりほつ)、サンスクリット語でシャーリプトラ（Sariputra）です。二大弟子の1人と言うと、いかにも男のような感じですが、サリー（Sari）ちゃんです。「魔法使いサリー」というよりは、女性が身につけるサリーです。サリーを身につけるのは女性であって、男は身につけません。「プトラ（putra）」は息子、王子という意味ですから、「シャーリプトラ（Sariputra）」で「サリーをつける息子」となると、ちょっと危険なにおいがしますが、サリーをつける息子はいないので、結局は女王様のことを言っています。シャーリプトラは、サリーちゃんという女王様です。

2人目は、摩訶目犍連（まかもっけんれん）、目連（もくれん）です。「もくれん」はどう聞いても花の名前です。男に花の名前はつけません。目連は女性です。木蓮は学名がマグノリア（magnolia）です。「マグノリア」という名前が「マグダラのマリア」のもとになっていると思います。

3人目は、摩訶迦葉（まかかしょう）です。大迦葉とも呼ばれます。これは日本に関係があります。「迦葉」は「かば」と読めます。「かば」と言えばコノハナサクヤヒメです。

河野　筑波山の北側に加波山（かばさん）があり、そこに加波山神社があります。「かば」はコノハナサクヤヒメのことなので、加波山はコノハナサクヤヒメ系統を祀っているはずです。また、群馬県沼田市に迦葉（かしょう）山（ざん）があり、そこには迦葉山弥勒寺があります。もろに大迦葉の名前をとったところですが、「迦葉」を「かば」と読めばすぐにコノハナサクヤヒメが予想できます。結局、仏教も、神道系の神様の名前も、同じところから来ているという予想が十分に立ちます。

宮古　4人目は、須菩提（しゅぼだい）です。サンスクリット語ではスーブティ(Subhuti)です。Suは太陽、bhutiは灰です。インドのサイババが手からビブーティを出すことで一躍有名になりましたけれども、太陽の灰は太陽の粒子です。太陽の粒子はチャクラに関係します。

太陽の粒子、Subhutiが個人名なのか、さらに言えば十大弟子がほんとにいたのかわかりませんが、一応4人目の弟子とされている須菩提は、解空第一と称されています。「解空」の「空」は般若心経の中に出てきます。何もないところに太陽の光があり、太陽の光が五行を生むという意味合いの解釈になっています。

5人目は、富楼那弥多羅尼子です。「みたらにし」は聞いたことがあると思います。みたらし団子の「みたらし」です。「みたらし」は、祓戸四神がつくった、神道的な意味がある言葉です。漢字では「御手洗」なので、きれいにするという意味合いがあるかもしれません。みたらし団子は、下鴨神社の御手洗社、祓戸四神の一神を祀っている社ですけれども、その前にある御手洗池の湧水の泡をかたどってつくられました。

河野　百嶋系図は中臣神道の祓戸四神のところにちゃんとみたらし団子が載っています。祓戸四神は、イブキドヌシ（気吹戸主）、セオリツヒメ（瀬織津比売）、ハヤサスラヒメ（速佐須良比売）、ハヤアキツヒメ（速開津比売）で、いずれも大祓の祝詞の中に出てきます。

宮古　富楼那弥多羅尼子は、パーリ語ではプンナ・マンターニープッタ（Punna Mantaniputta）、サンスクリット語ではプールナ・マイトラーヤニープトラ（Purna Maitrayaniputra）ですから、マイトレーヤーです。弥勒、ミトラです。

河野　救世主。

宮古　マイトレーヤーは56億7000万年後の未来に来るはずですから、釈迦十大弟子の5番目に入っているのはちょっと納得がいきませんが、なぜかそうなっています。

6人目は、摩訶迦旃延（まかかせんねん）です。聞いたことがないと思います。私も知りませんでした。論議第一と称されました。パーリ語ではマハーカッチャーナ（Mahakaccana）で、調べてみると、かに座という意味です。かに座はミトラ教の中ではとても重要で、女性をあらわしているので、カッチャーナは恐らく女性だろうと思います。

７人目は、阿那律（あなりつ）です。アヌ、アナ、アンは、天、風、空気という意味しかないので、自然という感じです。

８人目は、優波羅（うぱり）、サンスクリット語ではウパーリ（Upali）です。この人は優婆夷（うばい）という日本語になっているはずです。優婆夷はあんば様信仰と関係しています。年をとったおばあさんが胸をはだけ、立て膝をしている像がありますが、それがあんば様で、あんば様はあんば様信仰では子安神になっています。

９人目は、羅睺羅（らごら）です。パーリ語及びサンスクリット語ではラーフラ（Rahula）で、ラーフラは大天使ラファエルの名前のもとです。

最後の10人目は、阿難陀（あなんだ）です。サンスクリット語ではアーナンダ（Ananda）で、文字どおり「アンなんだ」です。「アンという天の原子だよ」という感じです。

このように釈迦十大弟子の名前を見ていくと、多聞第一とか、密行第一とか、それぞれの弟子のすぐれた点を言いあらわす言葉がくっついていますが、神様の名前が出てきたり、キリスト教のマグダラのマリアや大天使ラファエルの名前が出てきます。これは仏教がキリスト教、ユダヤ教、イスラム教と比べてぬきんでて古いということです。また、二大弟子の後、特に6人目以降は、現象のようなものをあらわすような、人間的なものが感じられない名前がありま す。十大弟子の名前を調べると、思わぬことがたくさん出てきます。

仏陀は女性である

宮古　十大弟子を持つすばらしいお釈迦様は、仏陀と言われていま す。「ブッダ」はサンスクリット語で「悟った人」という意味しかありません。第3章でお話ししましたが、お釈迦様の名前の「ゴー

タマ・シッダールタ」は、天の女神が管轄する先頭の山羊のシッターという意味です。シッターは、ベビーシッターとか、面倒を見る人という意味ですが、お釈迦様の時代、男の人に対しては「雇い夫」という言葉しかありませんでした。

お釈迦様はすごく立派な哲学的な人のように言われていますが、実際はゴータマ・シッダールタという名前には、天の女神の先頭の山羊をただ守るためだけに雇われた雇い夫という意味しかありません。それが仏教になると、男尊女卑的で女性は全く出てきません。十大弟子は女性ですが、仏教ではみんな男として扱われています。でも、お釈迦様が生きていた当時、女神様から見たら、男の人はただの雇い夫でしかない。女神に比べれば男の人の地位は低かったということから考えると、仏陀が男だったというのはちょっと不自然です。

般若心経は、シャーリプトラ、つまりサリー女王に「こんなふうにチャクラをあけるんだよ」と忠告しているという内容です。忠告しているのは男ではなくて女神です。だから、皆さんが思っている仏陀は実は女神だったのではないかと考えています。女系社会、母系社会だったころは、男性より女性のほうが上だったというか、お互いに得意なことをやっていたと思います。女性は勘が働いたり、霊感があったり、悟ったりする。男性は力があるので守る役割だった。仏陀が男だったというのは後からつくった話ではないかと思います。

第8章

チャクラの歴史

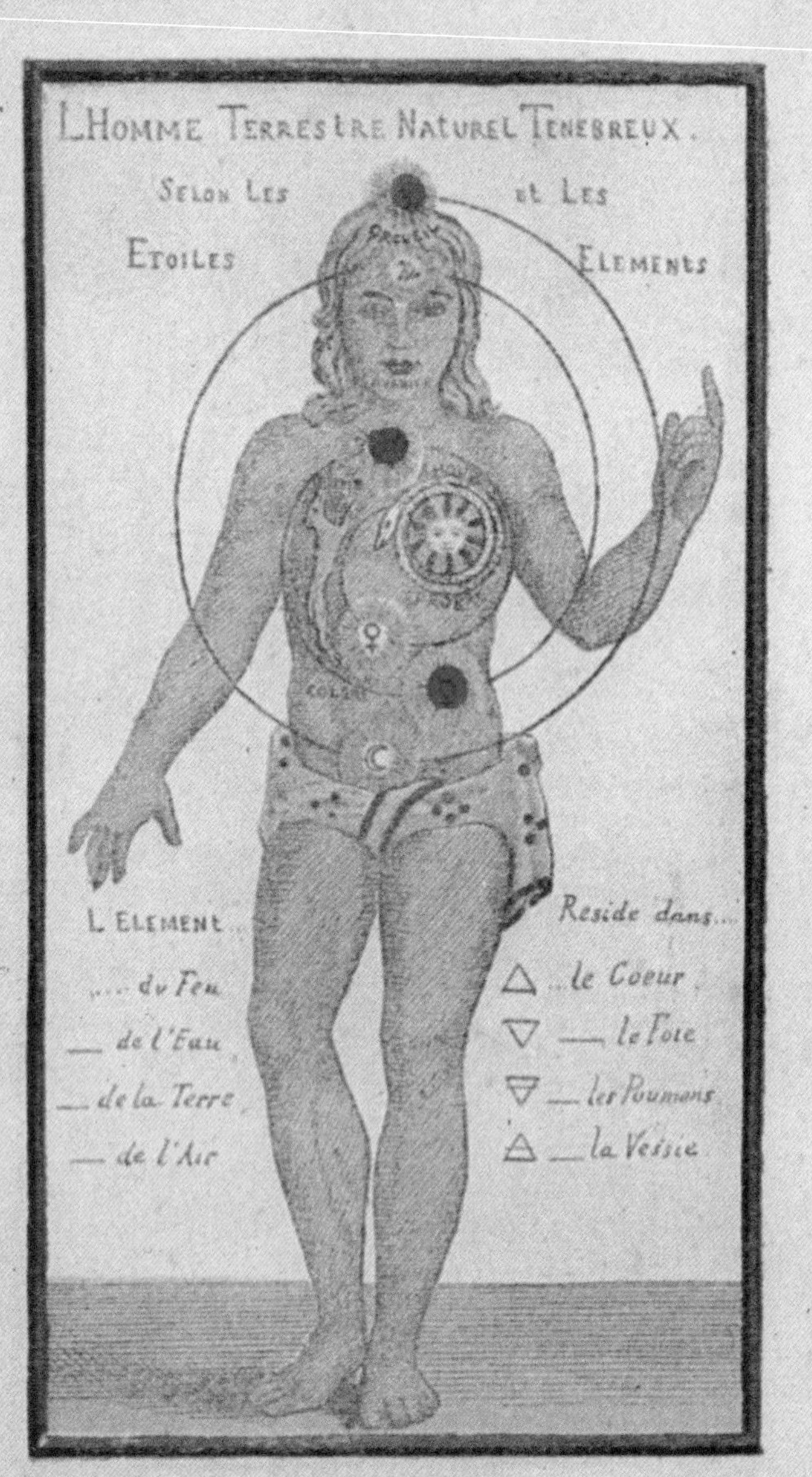

ギヒテルによるチャクラの図

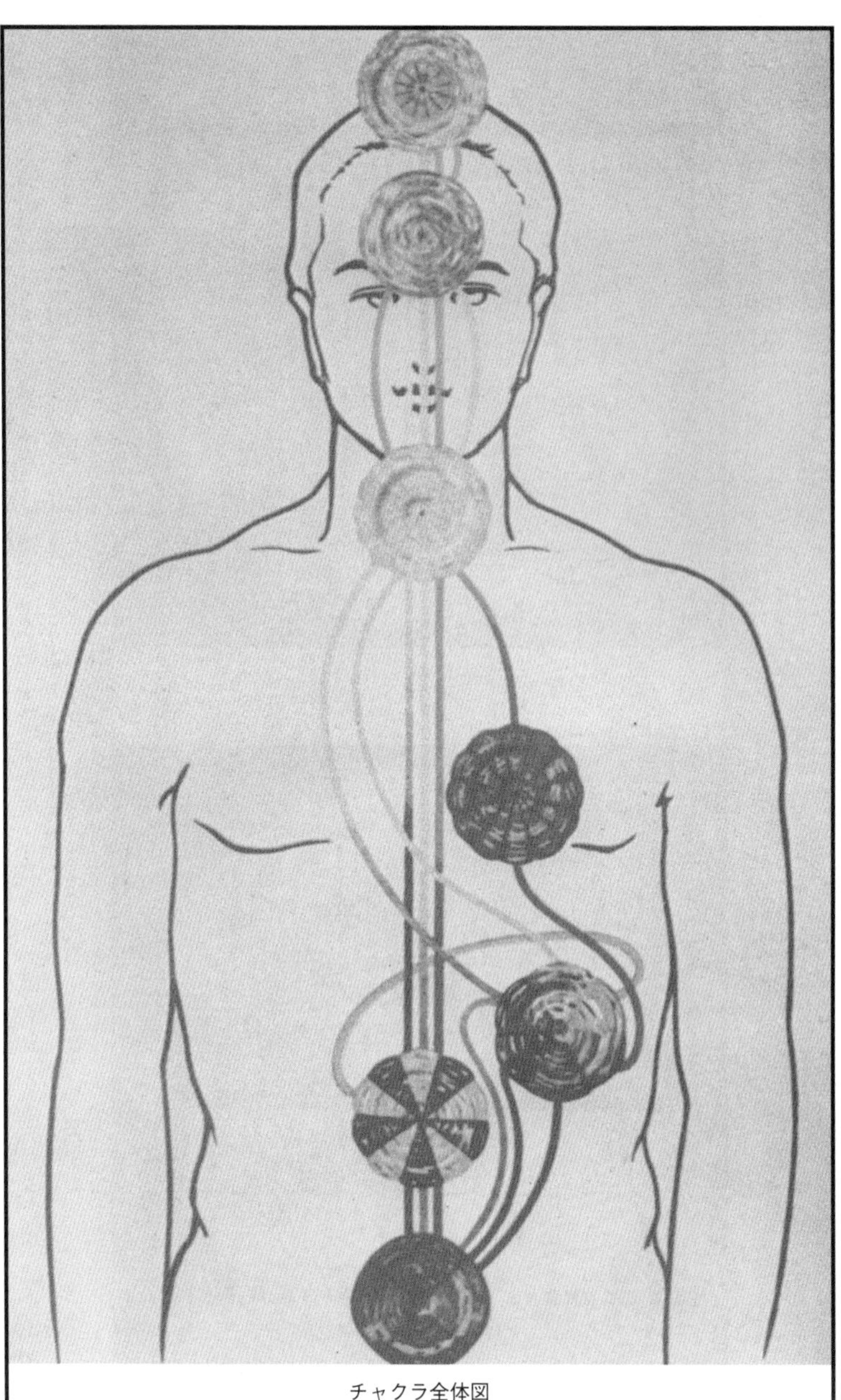

チャクラ全体図

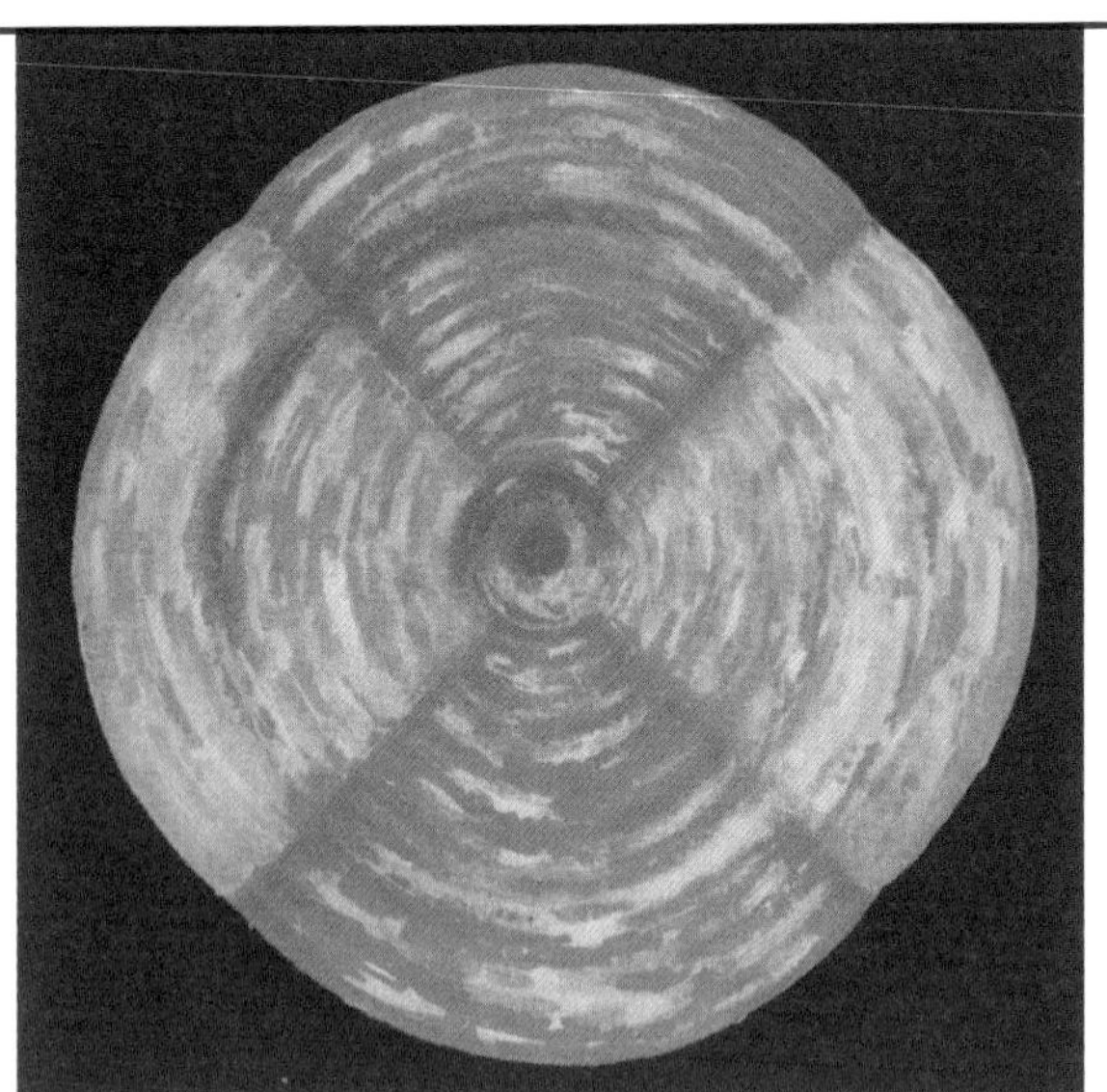

第1チャクラ

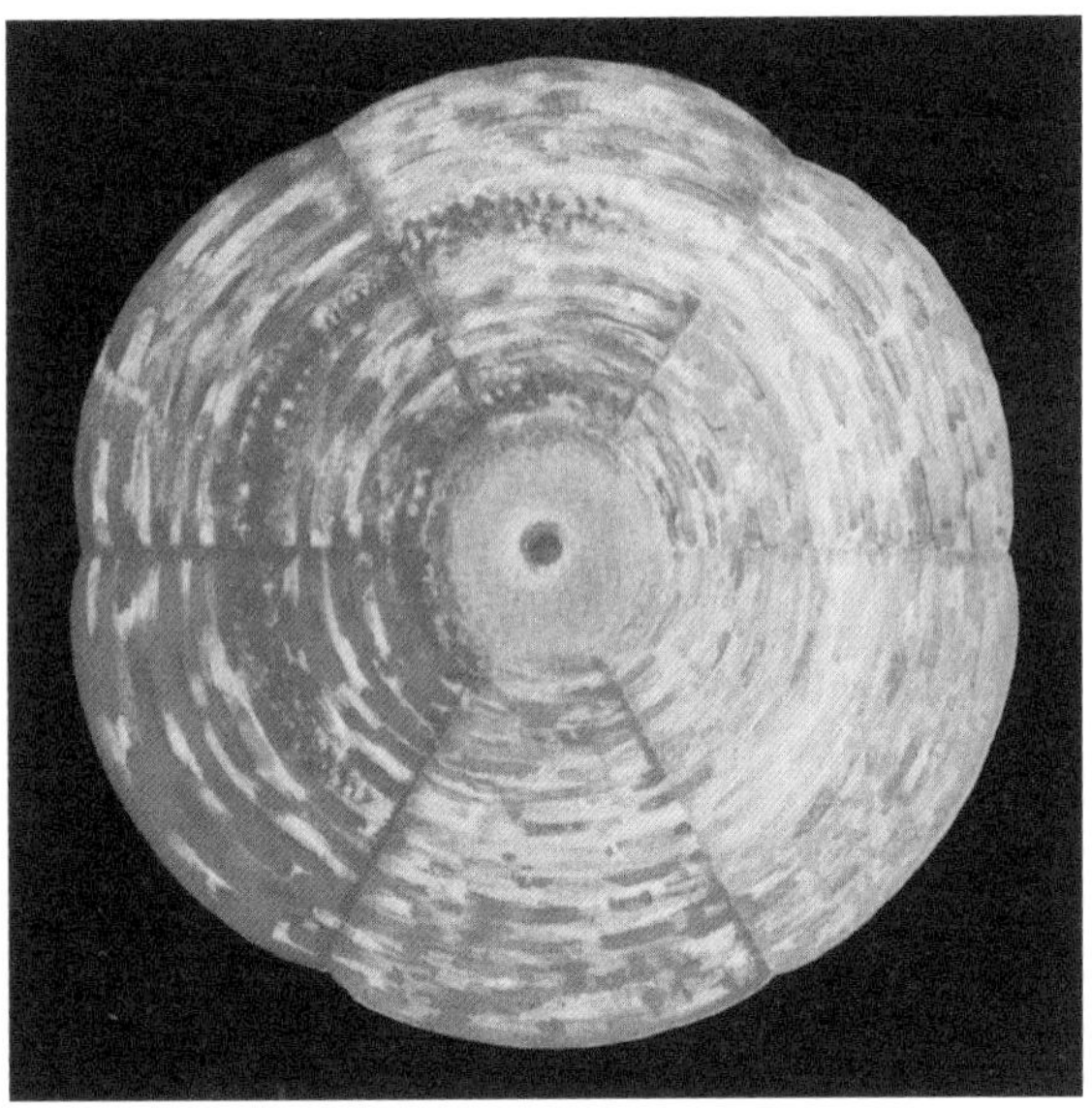

第2チャクラ

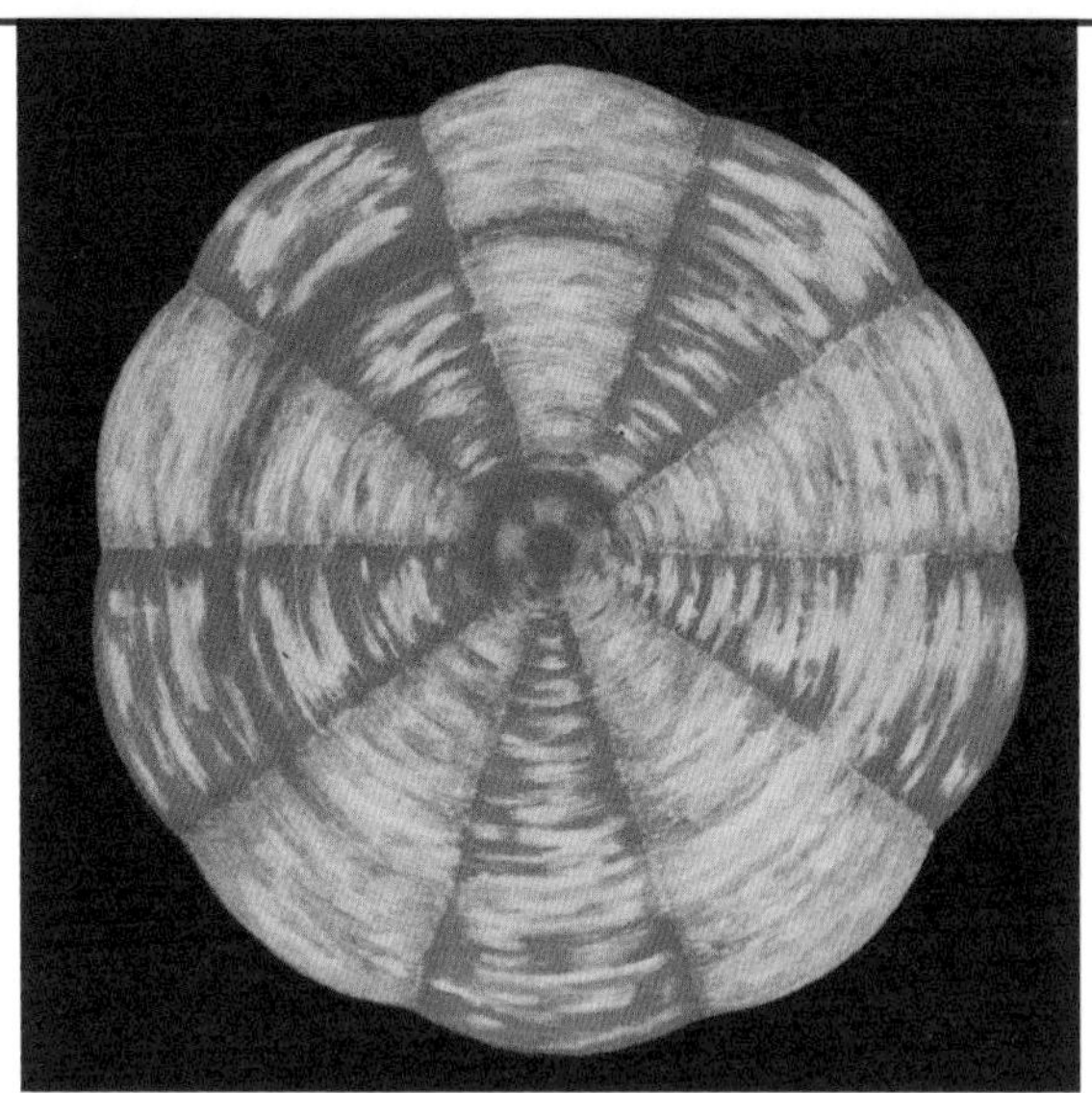

第３チャクラ

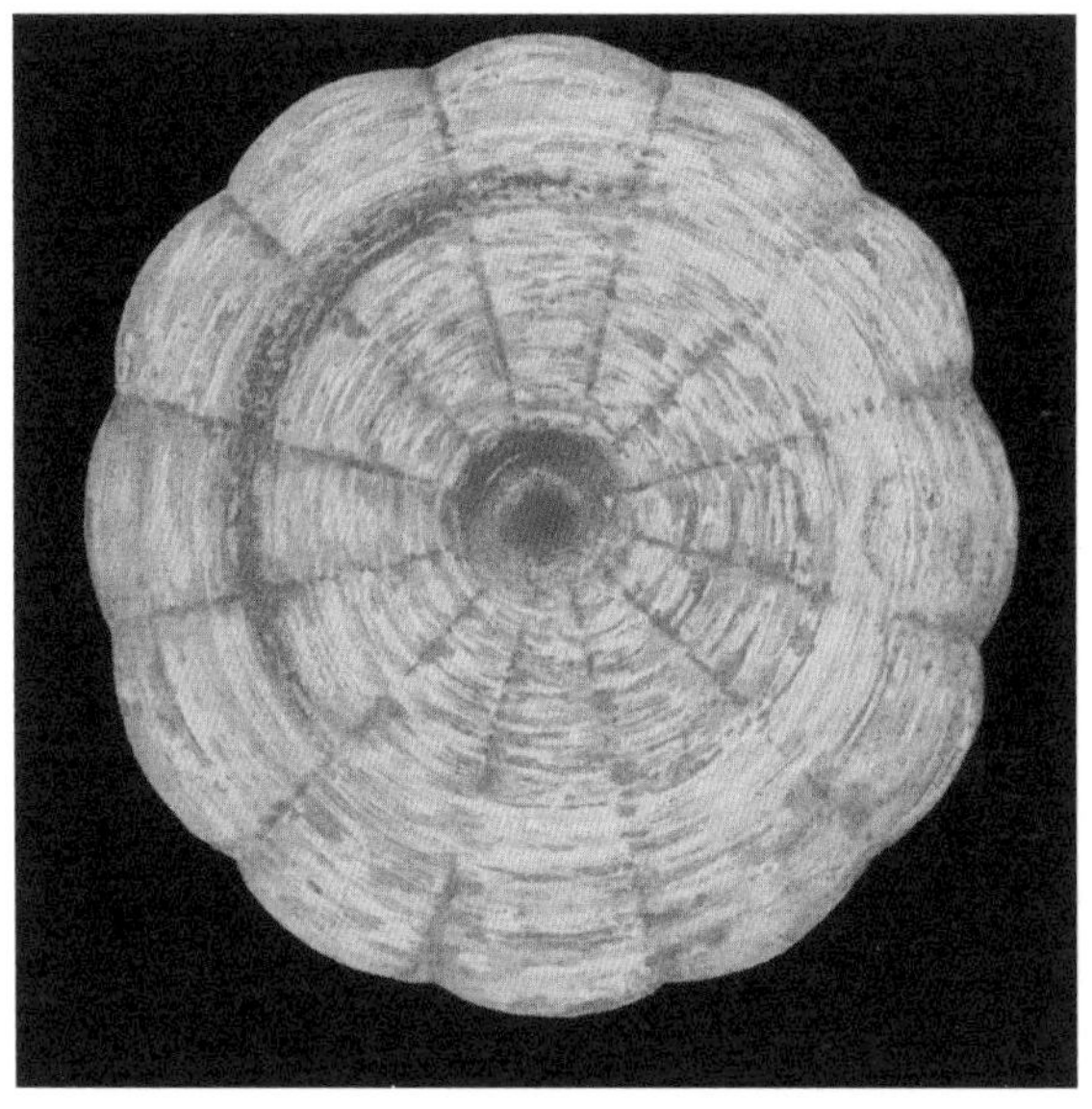

第４チャクラ

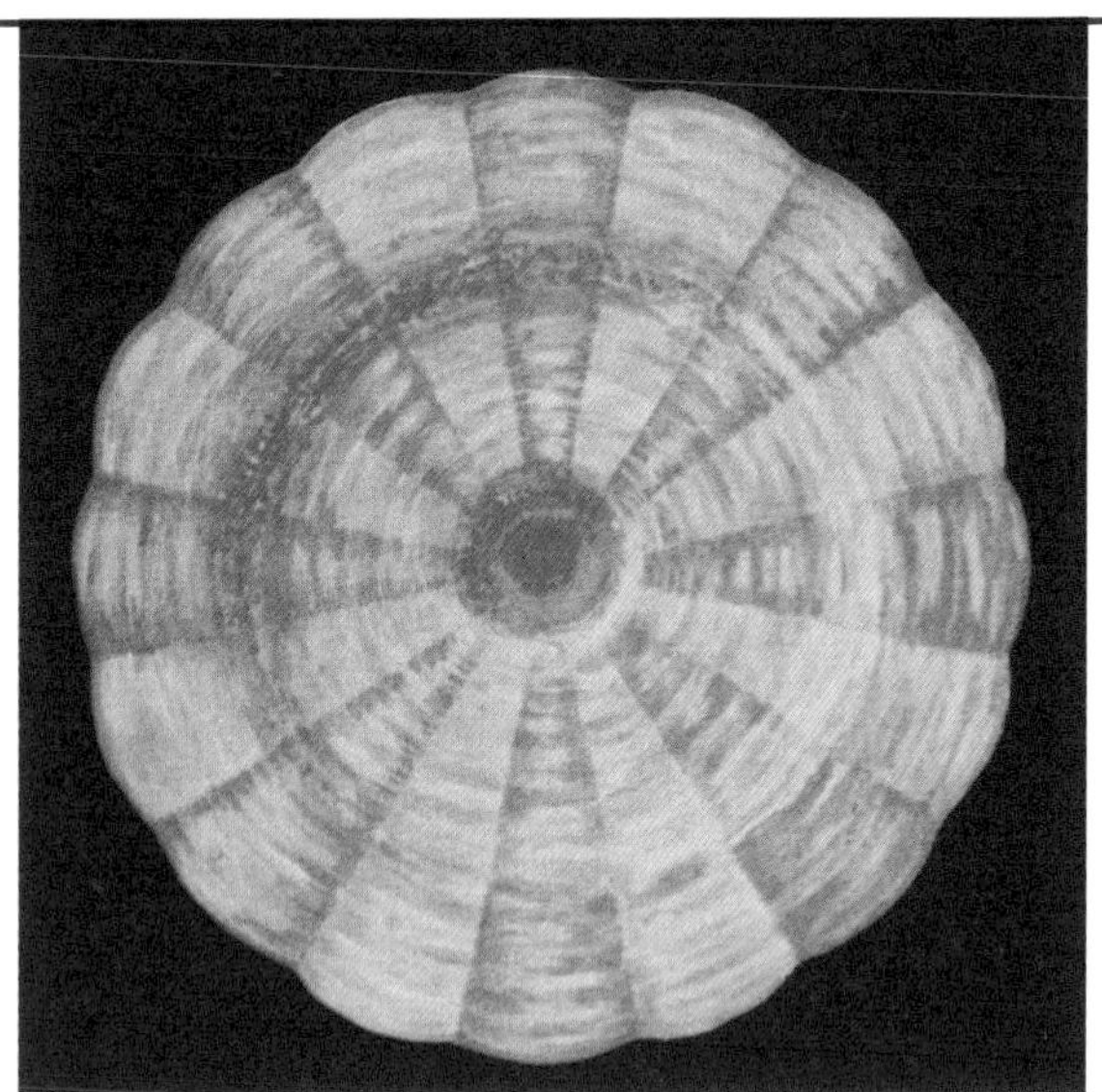

第5チャクラ

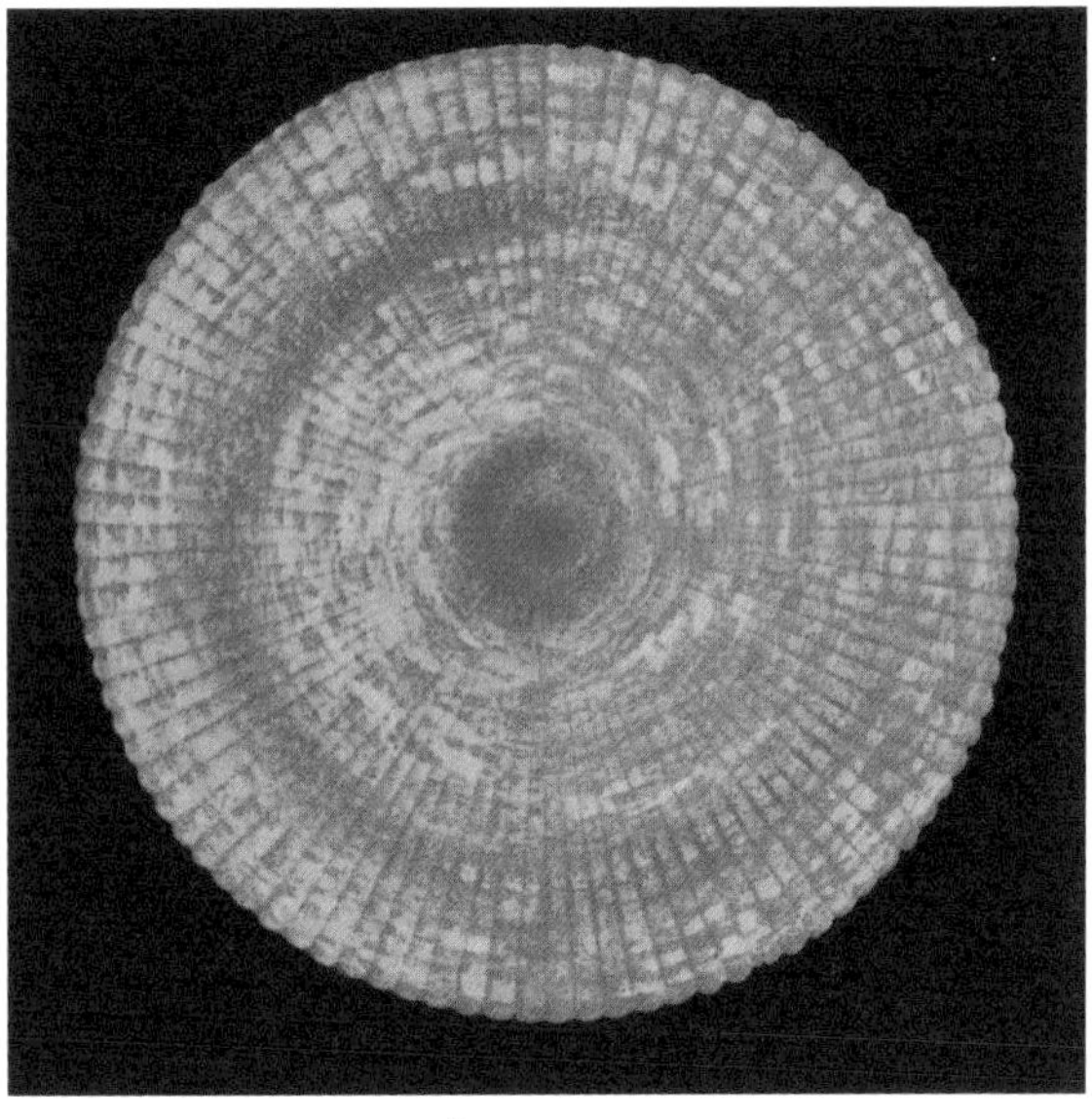

第6チャクラ

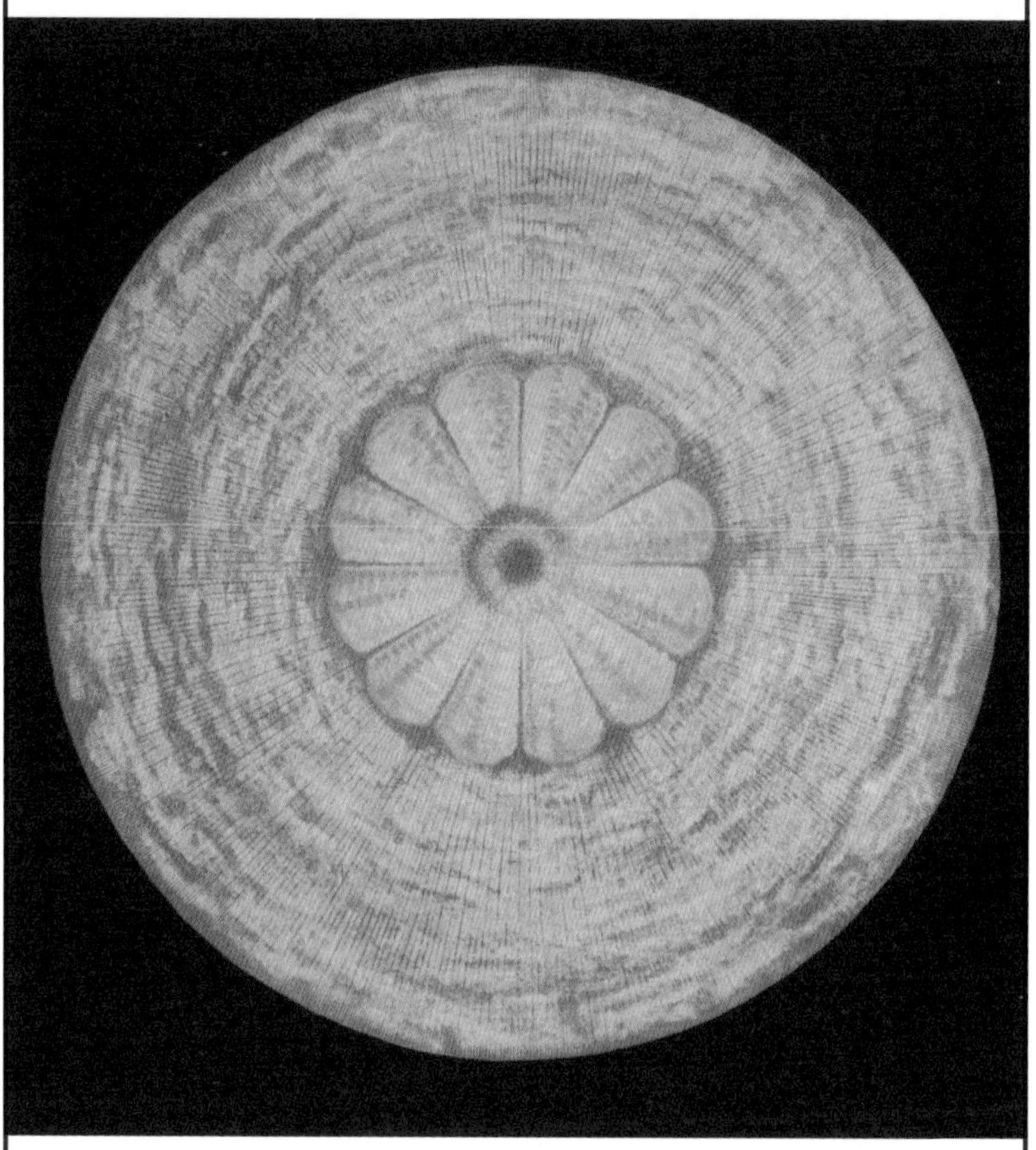

第７チャクラ

チャクラは誰にでもあり、誰にでもあげられる

河野　チャクラと古代史がどのようにつながるのかというところを話していきたいと思います。

宮古　チャクラのことが書いてあるのが般若心経です。般若心経で最初に出てくる言葉はAvalokitesvaraで、これは観世音菩薩の名前です。

河野　「バガヴァット・ギーター」に似ていますね。

宮古　Avalokitesvaraを訳すと、「avalo」はアポロ、誰でもわかると思いますが太陽です。「kites」はケテル、王冠です。「vara」は聖人と思っていただいていいです。観世音菩薩は太陽の王冠を持って

いる聖人、全てのチャクラの開いた人という意味です。

観世音菩薩の変化身の1つである十一面観音は、「十一」の「十」と「一」を合わせると「土」という字になります。頭頂にあるクラウンチャクラが開いた人は、隠された言い方で、土にたとえられたりします。

同じく化身の1つである千手観音はたくさんの手があります。それだけ多くの人を助けられるという意味です。

チャクラは人間にも動物にもあります。人間はチャクラに始まり、チャクラに終わります。誰にでもあって、誰でもあけることができるのに、そのことに触れさせないように、チャクラとオーラの秘密が密教や禅などの宗教、ヨガの中にずっと隠されてきました。現代だと、いかにもスピリチュアルの人にしか関係ないもののように、チャクラは一般社会から隔絶されています。「チャクラ」と言った瞬間、誰もわからないくらい隠されてきたということを強調したいと思います。

チャクラは、その開き方によって人が変わっていきますから、すごく大事です。チャクラが理解できれば全てのナゾが解けます。チャクラの秘密は、カッバーラ、アーユルヴェーダにあります。

カッバーラの一番の秘密は、生命の花（フラワー・オブ・ライフ）、そしてそれと関連する生命の樹（ツリー・オブ・ライフ、セフィロト）です。生命の樹の有名な絵がカッバーラにあります。フラワー・オブ・ライフは、赤ちゃんが最初に持っている芽になる細胞、分裂する一歩手前の細胞です。最近ネットで、おなかの中で赤ちゃんを包んでいる羊膜を移植することで、目の病気が治ったということが少し話題になりました。羊膜は移植しても拒絶反応を起こさないことがわかり、そういう研究もされています。赤ちゃんを包む羊膜が万能細胞だから、フラワー・オブ・ライフ（ツリー・オブ・ライフ）は万能細胞です。そこから手になったり、髪の毛になったり、骨になったり、どんどん広がっていく。最近、万能細胞と言われたものは多分ウソだと思います。

フラワー・オブ・ライフは皆さんが知っているカゴメ紋です。カゴメ紋から少しずつ細胞分裂していって、最後にリンゴのような形になります。リンゴのような形になってからトーラス運動をして細胞がどんどん出てきます。一番最初の細胞分裂する前の形、受精後の生命のもとである万能細胞がフラワー・オブ・ライフであり、これを誰でも持っているというのがアーユルヴェーダの秘密です。そして、フラワー・オブ・ライフの中にセフィロトが入っています。ユダヤのセフィロトやメノラーはフラワー・オブ・ライフをもとにしています。

河野　石上（いそのかみ）神宮の七支刀（しちしとう）にもつながってきます。

宮古　そういうものを神社が取り入れていきました。

7つのチャクラ

宮古　チャクラについては、本がたくさん出ていますが、本山博さんが翻訳されたC・W・リードビーター著『チャクラ』（平河出版社）や、本山さんご自身が書かれた『チャクラの覚醒と解脱』（宗教心理出版）が参考になると思います。彼らの本には、体を正面から見たときのチャクラのイメージ図が載っています。平面図ですけれども、渦巻き状の形をしています。

河野　それは蓮の花にたとえられる場合が多いです。

宮古　横から立体的に見たチャクラは実はラッパ状の形になっています。これは見える人と見えない人がいて、見えない人のほうが多いと思います。

チャクラは第1チャクラから第7チャクラまであります。それぞれ中で羽根がクルクル回っていて、簡単に言えば、回転している羽根の数が違いが各チャクラの違いということになります。

人間はオギャーと生まれて赤ちゃんから始めますから、第1チャクラから順番に開いていくのが理想的だと思います。でも、生まれた時点でのチャクラの開き方は人によって少し違います。それはなぜか。信じるか信じないかは皆さん次第ですが、結局、自分の前世が関係しているんです。前世の生き方で既にどこかのチャクラが開いていた人は、その続きで、生まれたときからそのチャクラが開いていますし、開いていない人は最初から開いていないんです。

7つのチャクラについてお話しします。

《第1チャクラ》

宮古　根っこのチャクラで、ムーラダーラ・チャクラと言います。会陰の位置にあり、会陰から大地のエネルギー、子宮の生命エネルギーを吸い込んでいます。生きている人はみんなこのチャクラがあいていています。あいていなければ生きていません。

会陰のチャクラは「蛇の火」と言われています。「蛇の火」はクンダリーニという大地のエネルギーです。火山の噴火とか、溶岩とか、そういうエネルギーと同じです。第1チャクラが最初にあく赤ちゃんはむずかって泣いてばかりいます。「蛇の火」が野獣のように泣き叫ぶ作用を体に及ぼしています。そういうふうに自分の思いどおりにしなくちゃ気が済まない赤ちゃんを、周りの人がみんなで助けてだんだん人間化していくんです。ただ、全ての赤ちゃんがそういうわけではありません。すごく聞き分けがいい赤ちゃん、ものわかりのいい赤ちゃんもいます。彼らには生きるために開いていなきゃいけない第1チャクラとは別に、もう開いているチャクラがあるんです。

《第2チャクラ》

宮古　スヴァディスターナ・チャクラと言い、脾臓（ひぞう）の位置にあります。羽根は6枚です。基本的にここまでは誰でもあいていると思います。

脾臓は、太陽のプラーナと大地のエネルギがぶつかる場所です。脾臓のチャクラから初めて太陽のプラーナが入ってきます。今まで大地のエネルギーの中で生きてきたところに急に太陽のエネルギーが入ってきて、新しいエネルギーに自分がどういうふうに対処するかを問われます。少し知性が入ってくるということです。

脾臓のチャクラが開くころは既に4～5歳ぐらいになっています。新しい友だちや新しいものにぶつかったときに、それに自分がどう対処していくか。典型的な対処は、好きか嫌いか、白か黒かです。

第2チャクラはそういう、まるで当時の安倍政権のような二元的な考えしか持てません。新しいものをどんどん吸収していって、その次のチャクラがあくのを待っている状態です。今はもしかしたら、感情のほとばしるまま好き嫌いだけで生きている、第2チャクラでとまっているような方が多いのかもしれません。

《第3チャクラ》

宮古 太陽神経叢（しんけいそう）、マニプーラといい、感情をコントロールするべきチャクラです。大地のエネルギーと新しい太陽の光のエネルギーが入ってきて、新しい太陽の光にも対応できて、なれてくると、人を受容することができるようになります。「あの人はこういうふうに思っているのかな」「この人はこういうふうに思っているのかな」と思いやりの気持ちが生まれるのが第3チャクラです。

思いやりが深い人は、わがままで強い人に負けてしまって、いつも損ばかりしてしまうとか、相手の気持ちを推しはかりすぎて、自分の言いたいことをあまり言えなくなってしまうということがあります。人がいいばかりに、自分のことを頼る人に対してやりすぎて燃え尽き、燃え尽き症候群になってしまったり、お人よしで終わってしまったりする。自分の感情を相手にどういうふうに話して伝えるかを考えていくのが第3チャクラ、太陽神経叢です。

その意味では、ここで霊的にすごく進化するか、それともとまってしまうか。「やっぱり私は人に意見をして傷つけられるのは嫌だ」、そういう傷つきやすいハートではあるけれども、傷つくことになれて、傷つくことをどう処理しようかというのが第3チャクラで、傷つきたくないという人は攻撃的になってしまったりします。

河野　それは加藤諦三のきずな喪失症候群。

宮古　燃え尽き症候群の人が第3チャクラには多いです。

河野　そこのバランスがとれていない。燃え尽き症候群ときずな喪失症候群は表裏です。

宮古　自分が相手に「ノー」と言ったときに、相手に否定されると傷つきます。それでも「私はこれが正しいと思うからやっていく」というところに、次の進化の道があります。相手が「嫌だ嫌だ」と言っても、自分は「正しいし、やったほうがいい」。それを続けていると、なぜか自分の支持者、自分と同じような考えの持ち主があらわれてきます。

わがままじゃなくて、公義のためというか、ボランティアのような精神が育まれていくのが第3チャクラです。情緒的にはとても細かくなってくるから、チャクラの中の羽根も細かくなっています。色としては、緑色と赤、両方入っています。赤は自分を律する色、とても強い色です。

《第4チャクラ》

宮古　霊的なところにつながるアナハータ・チャクラです。ここが開くと、観世音菩薩に相当近くなってきます。カリスマ性がある人はここが開いているのではないかと思います。

河野　心臓の近くにあるハートチャクラです。

宮古　霊的なものにつながっていくから、自分にとって大変よいシンクロが起こります。第4チャクラがあいた人は、悪い人に出会ったり、犯罪に巻き込まれたりしません。自分を確立しています。色としては、黄金色の「王冠のチャクラ」とつながるような黄色というか、黄金のような色が入っています。

第4チャクラには恐ろしい面もあります。霊感が出てくるので、「自分はすごい人間なんだ」とか、「俺の言うことを聞け」とか、そういうふうに思ってしまう誘惑に駆られます。自分は霊感をいかに使っていけるのか。霊感を自分のためだけに使うと、階段を転げ落ちるように堕ちていきます。ボランティアではありませんが、弱っている人を助けるとかそういう方向にどうしても行かなければならないのが第4チャクラです。

でも、第4チャクラの段階ではまだちょっと世間が狭い。茨城県とか県内ぐらいの範囲でボランティアをしているような感じです。その前の第3チャクラの段階では、学校とか、同級生とか、自分の知り合いとか、地域、村部でボランティアをしようかなということが起こります。第4チャクラになると、それがもうちょっと広がるわけです。第2チャクラの段階では「人のために」なんていうことは一切考えていません。第1チャクラの段階では言わずもがなです。ざっくりした説明ですが、そういうふうに少しずつ精神的な成長が見られるのがチャクラです。

《第5チャクラ》

宮古　ヴィシュッダ・チャクラ、喉のチャクラです。相手の意見を聞き、自分の意見もそこにピタッと合うように言うことができます。同じ言葉を言っても、それが相手に響く人と、「なんかあの人、上っ面の言葉しか言わない。心からそう思っていない」ということで響かない人がいます。第5チャクラがあいている人は、歌手に多いんですが、心と声がぴったり合って、人を聞きほれさせてしまうような、「あの人の言うことなら正しいかもしれない」と思わせます。第4チャクラは茨城県ぐらいで活躍していましたが、それが日本ぐらいまで広がるのが第5チャクラです。

河野　真言密教で求聞持聡明法（ぐもんじそうめいほう）という修行があります。100万遍お経を唱える修行により、チャクラが開いて、記憶力が抜群によくなると言われています。

宮古　話したり聞いたりにかかわる第5チャクラは、観音の「音」です。

河野　音を観る。

宮古 第5チャクラの辺から観音菩薩と関係してきます。

宮古 誰もが知っている眉間のチャクラ、アジナ・チャクラです。人をスキャンするというか、見通す力に関係しています。眉間のチャクラになると、羽根が972あると言われています。

天皇家の紋の十六菊は、開いたチャクラから来ています。チャクラが開いた人は古代では相当な能力者ですから、そういう人が王様になって人を導くというのは当然のことです。そういう能力者の権威だけを後々、十六菊の紋にして利用しちゃったんです。チャクラに関係があるものが、今の権威的なものに入っているんです。もちろん今、十六菊の紋を使っている人にそういう能力はないと思います。そういう能力があった人たちの血が入っていると言いたい。そうすると、皆さんが「うわー、すごいな」と仰ぎ見るわけです。

《第6チャクラ》

《第7チャクラ》

宮古　第6までのチャクラがあいた人が最終的に第7チャクラがあきます。第7チャクラは観世音菩薩の頭頂部です。もともとは平らなお皿が回っているんですが、第6までチャクラがあいた人はここが盛り上がってきて、その上にさらに菊が出てきます。これはチャクラの形をあらわしています。仏像はみんな第7チャクラが開いています。第7チャクラが開くと、オーラが全部金色になります。

河野　後光が差す。

宮古　後光が差した後に第7チャクラからすごいエネルギーを放射します。下から入ってきて、オーラのトーラス運動になります。トーラスから宇宙のようなものが始まるというか、宇宙意識のようものがこの上には多分あるはずですが、私たちはまだ宇宙に行ったことがないから、それはよくわかりません。

プロビデンスの目

宮古　「プロビデンスの目」は、ただ第6チャクラ、アジナ・チャクラがあいた人のことです。だから、余り怖がる必要はありません。でも、「プロビデンスの目」を持っている人、三つ目の人は物事を見通す能力がありますから、人が悪いことを考えていたら、「あんた、悪いことを考えているね」とすぐわかっちゃう。その能力が物見の塔で人を見張るとかそういう方向に使われると、悪いことをする人にとって、「プロビデンスの目」の持ち主は怖い人です。「プロビデンスの目」が怖い、怖いと言っている人や団体ほど、悪いことをしているということです。

第6チャクラがあく人は男性より女性が多いです。「プロビデンスの目」は、「目（め）」が女性をあらわしていますから、実は女性の能力者のことです。「跡目を継ぐ」の「目（め）」も女性のことですから、メソポタミアはもちろん女系社会で、跡を継ぐのは女性でした。それが男性社会になってしまって、今では「ヤクザの跡目を継ぐ」とかそういう使われ方をしています。

「プロビデンスの目」は、1ドル札にピラミッド・アイとして描かれています。ほんとはピラミッドは、その上に下向き三角形があります。私たちが普通「ピラミッド」と言っている上向き三角形は物質世界をあらわし、その上に見えない世界をあらわす上向き三角があるんです。この上下2つの三角形は、前にもお話ししたように、△の上向きの頂点と▽の下向きの頂点を合わせると、「五」の旧字体になります（103ページ参照）。「五」は皇帝であり、皇帝は女性です。皇帝は絶対に第6チャクラがあいている女性の能力者でなければならない。血を継ぐというよりは能力を継いだんです。

神社の千木

宮古　ピラミッド・アイにちょっと関係しますが、神社の屋根には千木があります。交差する千木も、▽と△が合わさった「五」の旧字体になります。

河野　「五」は五芒星になりますが、「五」の▽と△がずれて重なると六芒星になります。前にも言いましたけれども、五芒星も六芒星も実は同じものなんです。

宮古　そういうものが神社の屋根についているということです。なので、六芒星や五芒星を恐れないでください。

千木

河野　ユダヤがどうのこうのとか全く関係ないです。

宮古　六芒星はイスラエルのマークですが、イスラエルはその意味を知って使っています。「自分たちは王族だ」というのがイスラエルの感覚です。

河野　中華思想と一緒。

宮古　ユダヤ教というより、その後のタルムードのラビがそういうふうにしちゃったんです。

河野　千木には男千木(おちぎ)と女千木(めちき)があります。男千木は、外削ぎあるいは縦削ぎと言いますが、千木の先端を地面に垂直に切ったものです。女千木は、内削ぎといって、先端を地面と平行に切ったものです。男の神様を祀った神社は男千木、女性の神様を祀った神社は女千木というのが本来ですが、神社にたくさん行って宮司さんに聞くと、そういうことを知らない宮司さんもたくさんいます。ただ、國學院大學出の神主さんは、「ちゃんと教えている」と言っていました。

宮古　女の神様が祀られていても男千木のところもあります。神社は本当のことは余り教えてくれません。

河野　そこは雰囲気で感じるのと、あと勘を働かさないといけない。

ユダヤの食人

宮古　ゾロアスター教時代のユダヤ教は怖かったんです。それが今の戦いの一番のもとではないかと思います。

ユダヤ教のもとの名前はサマリア教と言います。サマリア人は、見た目はヘブライ人なんですけれども、ゲリジム山を聖地として、サマリア教を信仰していました。彼らは必ずいけにえを捧げました。

いけにえにされるのは、今は羊や山羊ですが、もとは人間の赤ちゃんでした。それをゾロアスター教、ユダヤ教はずっとやっていました。彼らには特に子どもを食べる食人習慣があったんです。

それは北イスラエルと南ユダに分かれた後も続きました。それをやめさせようとしたのがモーゼです。モーゼは偶像崇拝をしないようイスラエルの民に言いました。偶像に赤ちゃんを抱かせて火の中にくべるのが偶像崇拝のもとなので、それをやめさせようとしたんですが、やめない人たちもたくさんいました。ちょっと怖い話ですが、それは恐らく今もされていると思います。ユダヤ人がみんなに嫌がられ、嫌われるのは、結局、人を食べるからです。

古代から人を食べる者と食べない者で戦っていました。アッシリアやバビロニアの人々は食人習慣のない普通の人々です。彼らにとって食人習慣のあるユダヤ人は脅威でした。ユダヤ人は自民族の子どもは食べないけれども、別の民族の子どもをさらってきて食べました。そのため、原ユダヤ人、今のアシュケナジー・ユダヤの人たちですけれども、彼らは必ず攻撃されました。アッシリアとバビロンと2回捕囚になりましたし、アレキサンダー大王にも攻撃されました。

2回の捕囚の後、イスラエルの10支族の人たちがどこに行ったかわからなくなってしまいました。それが「失われた10支族」と言われる人たちですが、彼らの大半は中国に逃げ、あとはインドとヨーロッパに少しずつ逃げて、逃げた先で似たような宗教を立ち上げたりしています。中国に逃げた人たちはそこで国をつくり、その国が亡びると、日本、特に西のほうにたくさん入ってきました。

食人習慣のあるもとのヘブライ人というかサマリア人たちは、中国で魏、随、唐、宋、明をつくりました。魏が負けると日本の九州に入ってきて、唐がダメになったときにまた九州に入ってきました。彼らが戦って一番負けたのは、チンギス・ハーン、フビライの元ですが、元に負けた宋の王族は朝鮮に入りました。最後の明が滅んだときは京都に入ってきました。日本に来た彼らは、黄檗宗、臨済宗、虚無僧で有名な普化宗などの禅宗や、修験道の人になりました。臨済宗、黄檗宗は、いかにも禅の修行をやっているような感じですが、実は強い武者集団でした。それで一番有名なのが中国の少林寺です。拳法集団に変わっちゃったんです。

河野 武闘集団。

宮古 今はそういうことはやっていないかもしれませんが、最初のころは武闘で悟るというドラゴンボールみたいな世界だった（笑）。宇治の黄檗宗は有名な隠元和尚がいます。隠元和尚はインゲン豆を日本に伝えました。臨済宗の栄西はお茶を持ってきました。というふうに、気がつかないうちにユダヤの10支族がアジアにどんどんやってきています。彼らは今もいけにえの儀式をやっていますから、ちょっと怖いです。

インドの王女と日本

宮古　「鉄の王キム・スロ」という韓国ドラマがあります。金首露（キムスロ）という人物のもとにインドから王女様が嫁いできたという伝説があるんですが、実際にそのお墓もあるから、そういうふうにドラマをつくっています。そのインドの王女様の名前は、余り知られていないかもしれませんが、許黄玉（ホファンオク）です。許黄玉は、南インドのアーンドラ国で、サータヴァーハナー朝の王女です。「アーンドラ」を調べると、「巨大な」という意味になります。

河野　昔のプロレスファンは記憶にあると思いますが、アンドレ・ザ・ジャイアントというプロレスラーがいました。彼の名前は「巨人・巨人」という意味になります。「長髄彦」みたいな感じで、同じ意味を繰り返しています。

宮古　「巨大な」という意味のアンドル族は、体が大きかったのか、オーラが大きくて偉大という意味なのか、恐らくそういうすばらしい人たちの一族で、その人たちの王朝を南インドでサータヴァーハナー王朝といいました。「サータヴァーハナー」の「サータ」は「セント」です。「ヴァーハナー」は「バハナ」で、「神の乗り物」という意味です。象とかワニとかそういうものです。

河野　インダス川だと、神の乗り物はクンピーラというワニです。

宮古　クンピーラが日本に入ってきて金毘羅（こんぴら）になりました。日本に、ものすごく入ってきているのに、なぜか朝鮮のお話というところがあったんですが、実は日本にも「巨大な」という意味を持っている不思議な伝説があります。

河野　一番有名なのはダイダラボッチです。ダイダラボッチの伝説は、九州でも一部にあるんですが、大体静岡から東側、東日本に多いです。

宮古　九州・鹿児島ではトシドンと呼ばれています。

河野　トシドンは実は大歳神、タケミカズチです。お正月の歳神様です。

宮古　「アンドル」は「巨大な」という意味で、「巨大」の「巨」が字を変えて、許黄玉の「許」になったんじゃないか。漢字の場合、大体が当て字で、字の意味より読みが大事です。般若心経も、日本には漢訳されたものが入ってきたんですが、漢字の意味よりは読みのほうが大事なんです。

河野　どうしても漢字で意味を考えてしまうから、勘違いしてしまうんです。

宮古　許黄玉のようなインドから来た王女様の伝説は日本にもあります。蚕養（こかい）神社にそういう伝説が残っています。

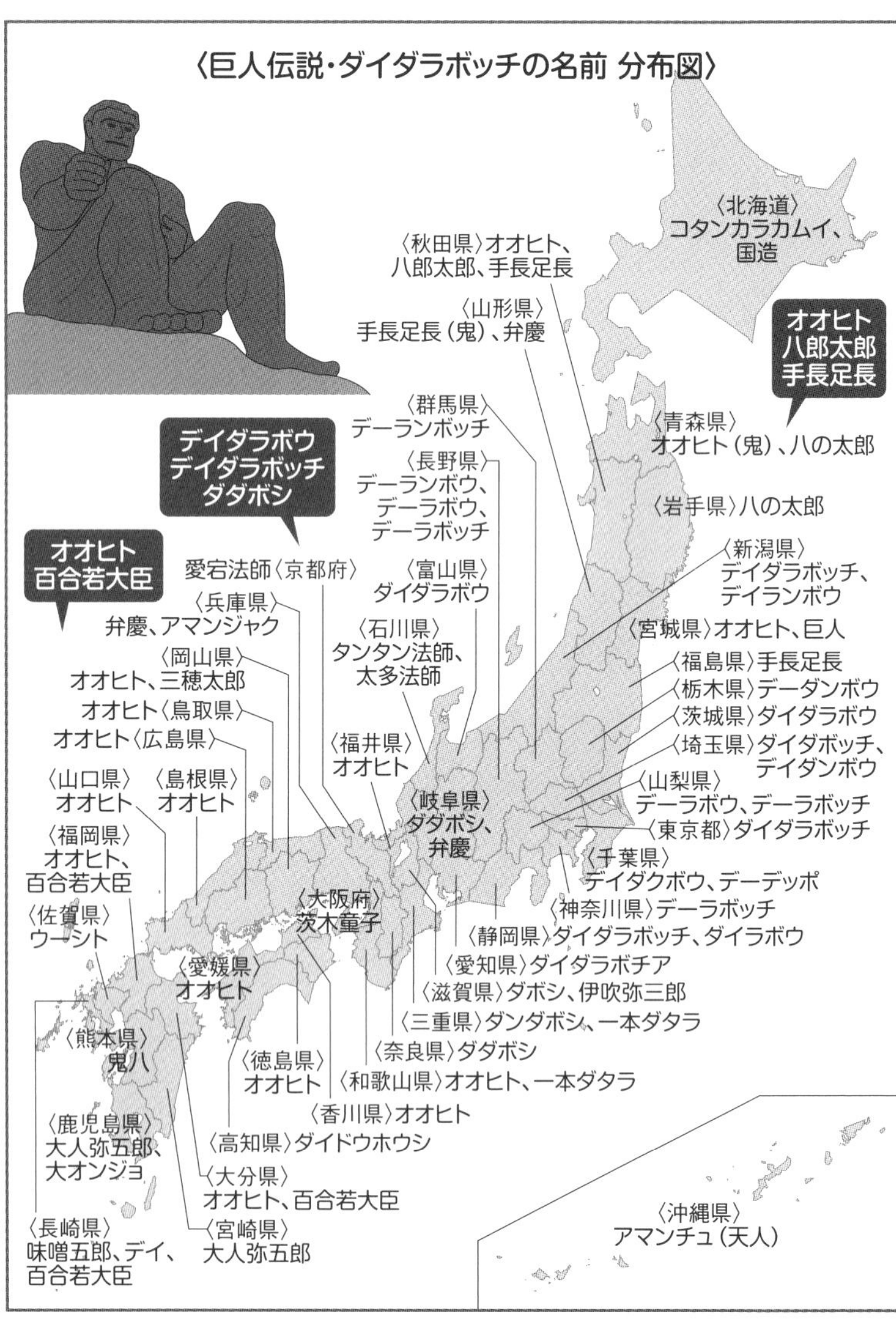
〈巨人伝説・ダイダラボッチの名前 分布図〉
〈北海道〉コタンカラカムイ、国造
〈秋田県〉オオヒト、八郎太郎、手長足長
〈山形県〉手長足長（鬼）、弁慶
オオヒト
八郎太郎
手長足長
〈群馬県〉デーランボッチ
〈青森県〉オオヒト（鬼）、八の太郎
デイダラボウ
デイダラボッチ
ダダボシ
〈長野県〉デーランボウ、デーラボウ、デーラボッチ
〈岩手県〉八の太郎
オオヒト
百合若大臣
愛宕法師〈京都府〉
〈富山県〉ダイダラボウ
〈新潟県〉デイダラボッチ、デイランボウ
〈兵庫県〉弁慶、アマンジャク
〈石川県〉タンタン法師、太多法師
〈宮城県〉オオヒト、巨人
〈岡山県〉オオヒト、三穂太郎
〈福島県〉手長足長
〈栃木県〉デーダンボウ
オオヒト〈鳥取県〉
〈茨城県〉ダイダラボウ
オオヒト〈広島県〉
〈福井県〉オオヒト
〈埼玉県〉ダイダボッチ、デイダンボウ
〈山口県〉オオヒト
〈島根県〉オオヒト
〈山梨県〉デーラボウ、デーラボッチ
〈岐阜県〉ダタボシ、弁慶
〈東京都〉ダイダラボッチ
〈福岡県〉オオヒト、百合若大臣
〈千葉県〉デイダクボウ、デーデッポ
〈大阪府〉茨木童子
〈神奈川県〉デーラボッチ
〈佐賀県〉ウーシト
〈静岡県〉ダイダラボッチ、ダイラボウ
〈愛知県〉ダイダラボチア
〈愛媛県〉オオヒト
〈滋賀県〉ダボシ、伊吹弥三郎
〈三重県〉ダンダボシ、一本ダタラ
〈熊本県〉鬼八
〈奈良県〉ダダボシ
〈徳島県〉オオヒト
〈和歌山県〉オオヒト、一本ダタラ
〈香川県〉オオヒト
〈鹿児島県〉大人弥五郎、大オンジョ
〈高知県〉ダイドウホウシ
〈大分県〉オオヒト、百合若大臣
〈沖縄県〉アマンチュ（天人）
〈長崎県〉味噌五郎、デイ、百合若大臣
〈宮崎県〉大人弥五郎

河野　蚕養神社はつくばと日立と神栖（かみす）にあります。あと会津にもありますが、茨城県中心です。「蚕養」という名前のとおり、普通は絹織物の神様とされています。

宮古　私たちは蚕養神社を以前から知っていました。インドから来た王女様が絹織物を伝えたという伝説があるんですが、なんでインドから日本に来たのか、そのいわれは当初、全然わかりませんでした。最近になって神社古代史を調べていく中で、朝鮮にも、インドから来た許黄玉というお姫様がキム・スロという人と結婚したという伝説があり、その伝説を調べていくと、「アンドル」が出てきて、それが「巨大な」という意味であることがわかって、日本のダイダラボッチにつながりました。

　ダイダラボッチの伝説は関東地方に結構多くて、日立の蚕養神社の裏手にある小貝浜という小さな湾は、ダイダラボッチの足跡と言われています。巨人の足跡があって、その近くに蚕養神社がある。

「アンドル（巨大な）」とインドの王女様が、日立市の小貝浜で完璧にピッタリ合ったわけです。

第9章

満州族と漢族のヘブライ人の事実

時をはかることができる人

宮古　キム・スロつながりでチンギス・ハーンの話をします。チンギス・ハーンは巨大なモンゴル帝国を築きました。チンギス・ハーンが世界で活躍したことを彼の名前が裏づけています。チンギス・ハーンは幼名をテムジンといいます。「てむじん」という発音は、漢字では「鉄木真」と当てます。「てつ」という発音は日本語じゃない。既に中国でそう発音されていたのだと思います。もうちょっと深く調べてみると、Tem Jin は time qin で、time は「時」、qin は「金」です。「金」は「かね」ですから、「テムジン」は「時の鐘で時を知らせる人」ということになります。

河野　「時金」を反対に読むと「金時」です。坂田金時、足柄山の金太郎が出てきてしまうんです。

宮古　チンギス・ハーンというと、騎馬でワーッと戦っている武闘派集団のリーダーというイメージしかないんですけれども、時を知らせる人は、時をはかれなくちゃいけない。時をはかることができたということは、チンギス・ハーンはミトラ教系の人です。ミトラはメートルだから、はかる人です。もちろん先ほどお話しした観世音菩薩も知識レベルの高い、時をはかることができる人たちです。時をはかる人たちの子孫だから、time qin で「テムジン」になったと思います。

ヨーロッパでは、12時とか6時とか教会の鐘で時を知らせます。その時の鐘を「トンティン」と略称しています。

河野　「トンティン」、「テムジン」、一緒ですね。

宮古　時をはかることができるテムジン率いるモンゴルは、ヨーロッパを征服しました。そのとき、「テムジン」という名前がヨーロッパにまで行った。恐らくモンゴルの文化がずいぶんヨーロッパに入っていったのではないかと思います。

「テムジン」は「鉄木真」と「鉄」を使っているものだから、「鉄」は後々、キム・スロの「鉄の王」とか、清朝の「鉄帽子王」とか、王様を褒めるときに多用されるようになります。鉄というと、みんな製鉄民をイメージするんですが、実は時という意味で、そのことがもうわからなくなっているんです。

「時」は、日本に入ってくると、坂田金時もいますけれども、「富」に変わってしまいます。神様ではナガスネヒコとタケミナカタに「とみ」がついて、トミノナガスネヒコ、タケミナカタトミとも呼ばれています。「富」は「時」であると知っている人が、北条時宗とか、名前に「時」をつけるようになり、権威化されていくという流れになります。

河野　日本には、源義経が大陸まで逃げ延びてチンギス・ハーンになったという義経伝説もあります。

宮古　チンギス・ハーンは日本と関係があります。チンギス・ハーン＝日本人説はどうも本当らしいんです。中国最後の王朝である清は「ちん」と発音します。もとは「きん」で、元も「きん」です。

河野　中国の発音ではほぼ一緒です。

宮古　どちらも「きん」という同じ国の名前に、ただ違う漢字を当てているだけです。満州族、モンゴル族は同じ一族なのに、なぜか歴史は捏造されるから、捏造するときに違う名前をつけて、いかにも違う国のようにしているんですが、名前をよく調べていくと、ほぼ同じ名前なんです。

河野　中国の歴史を簡単に言うと、蒙古族と漢族の戦いというイメージです。実は漢族はヘブライ人、サマリア人です。スファラディかアシュケナジーかはともかく、ユダヤ系の人たちなんです。

宮古　漢字をつくったのは本当はドラヴィダ系の人たちです。ドラヴィダ系の人たちがつくった文化を受け継いだのか、横取りしたのか、わかりませんが、ユダヤ系の人たちが全部自分たちのものにしました。漢字は最初のものとは使い方が変わってしまいました。ユダヤ系の人たちは「自分たちは漢民族だ」と名乗り、モンゴル族とずっと敵対して戦いました。テムジンを出したモンゴル族は、日本から行ったドラヴィダ系の人の血が入った人たちなんです。

サソリと満州

宮古　満州はマンジュ国と言います。「マンジュ」は「卍」で、「卍」はサソリのことです。

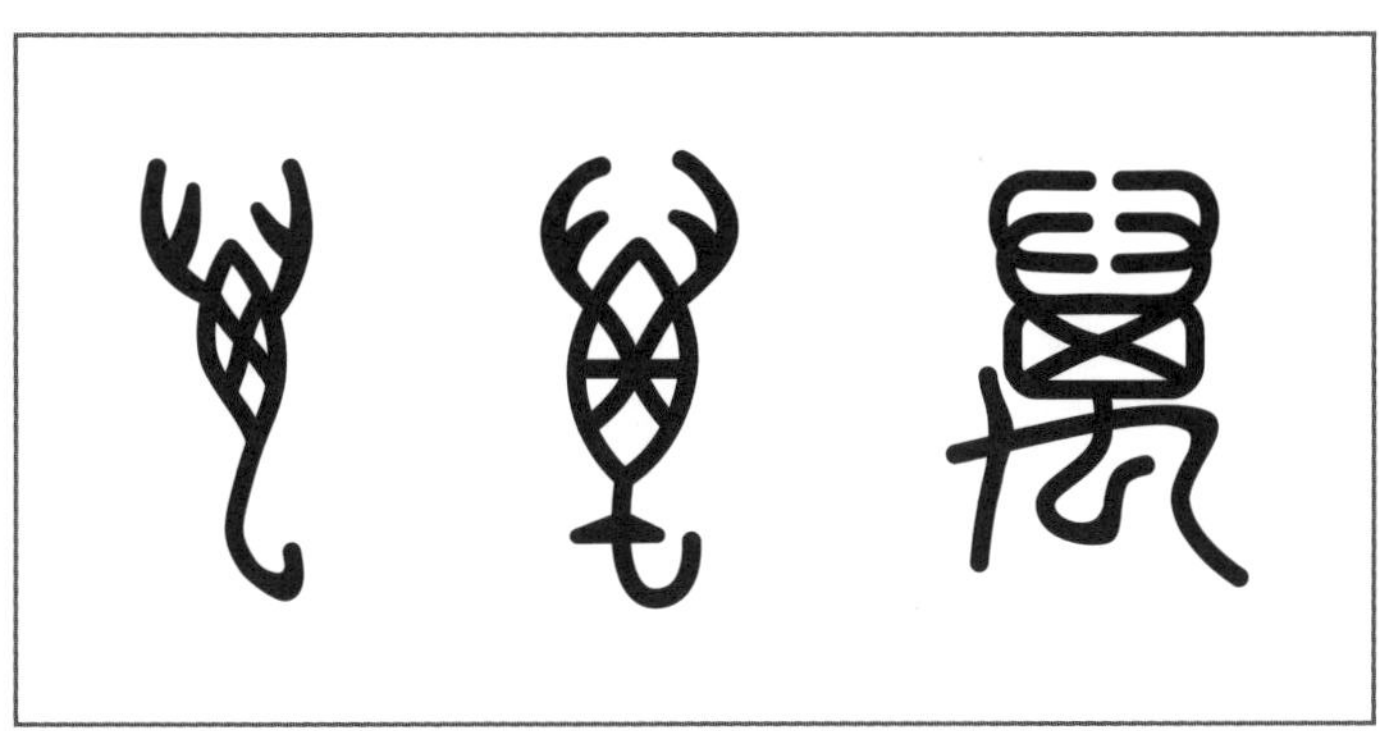

（左から）「萬」の甲骨文字・金文・篆文（てんぶん）

河野　「卍」はお寺でよく見ますが、「萬字」の「萬」という字が、もともとの象形文字ではサソリに似ているんです。「萬」という字はサソリから来ている。それも砂漠にいるサソリではなくて、天のさそり座のサソリです。「卍」の中心には赤い点が入るのが本当です。

宮古　さそり座の真ん中にはアンタレスという赤い星があるんです。

河野　この赤い星がさそり座の象徴になっています。星座占いが好きな人はわかると思いますが、さそり座の前はてんびん座、後はいて座です。

宮古　黄道十二星座では、てんびん座、さそり座、いて座という順番になっています。今はさそり座とてんびん座は離れていますが、メソポタミア文明の時代は、サソリがてんびんを持っているように見えました。それだけ星が近づいていたのだと思います。サソリは持っているてんびんで、その人がどのぐらいまでチャクラが開いたか、どんなことをしたのかということをはかります。このことからサソリは後々閻魔（えんま）大王になります。閻魔大王だから、お寺はどうしても「卍」を使いたいわけです。この星座の話は、そういうふうに仏教にも入っているし、神道にもキリスト教の中にも入っています。

河野　閻魔大王のサソリが、持っているてんびんで生前の行いをはかって、「おまえは生前こんなことをしたから、あっちへ行け」「こっちへ行け」と判断を下す。判断を下された魂は、さそり座の後のいて座の弓矢で奈落の底に突き落とされる。そういう流れになっています。

宮古　いて座の弓矢で射るとき、羽根と一緒に犬が行きます。いて座と犬とサソリとてんびんという組み合わせをメソポタミアのカルディア人は考えました。その星座の中の話が仏教に入ったり、神道、キリスト教に入ったりしています。今のところカルディア人がつくった星座神話が一番古く、それが「卍（萬字）」、「マンジュ」、マンジュが住む「満州」につながっていくわけです。

河野 「萬」が「満」に変わると、菅原道真を祀っている天満宮という神社がたくさんあります。それは基本的に「萬」、サソリから来ています。菅原道真は第六天魔王と別称されるぐらい怖い人です。

宮古 人の罪をはかるというか、生前の行いをスキャンします。

河野 サソリに全部スキャンされる。

宮古 「スキャン」という言葉は仏教ではスカンダという神様になっています。スキャンする人たちは、スカ族、サカ族、スガ族といった名前になっていきます。

河野 そこまで来ればわかるように、スサノオ族はスキャン族の系統です。

宮古 スキャンする人たちは、第6チャクラがあいた人ということです。

満州の歴史的変遷

宮古　サソリがマンジュで、マンジュが住むところが満州ですが、満州があった場所は、粛慎(しゅくしん)、挹婁(ゆうろう)、勿吉(もっきつ)、靺鞨(まっかつ)、契丹(きったん)、女真(じょしん)と名前が変遷しています。

粛慎は、あまり知られていませんが、中国で一番古い王朝である夏(か)よりも古い紀元前1万5000年ぐらい前にありました。粛慎には縄文文化があったと言われていて、当時、日本の縄文と粛慎はつながっていたのではないかと思います。「粛慎」という言葉はなんと清の時代まで残っているので、なんで名前が変わってしまったのかと思います。

粛慎の次が挹婁です。挹婁は柳という意味です。柳は英語でサリックスです。柳の木の皮からはサリチル酸がとれます。サリチル酸が鎮痛剤のアスピリン（アセチルサリチル酸）になったのではないかと思います。江戸時代、小田原で「ういろう」が強壮剤として売り出されました。お菓子の「ういろう」とは別で、生薬です。どういうふうにつくるのかわかりませんが、柳からサリチル酸がとれるので、アスピリンの技術があったのではないかと思います。製薬になると、黒田藩がすごく関係してきます。明治になってからですけれども、黒田藩は満州と関係しています。

挹婁の次は勿吉です。勿吉の次は靺鞨で、これはサソリです。靺鞨はテュルク系の民族ではないかと言われています。その次の契丹と同時期に存在し、どうも契丹の次の女真ともども同じ国のようです。

女真族は、「清」と改称する前に「後金」という国をつくったことになっていますが、彼らの国の本当の名前は愛新国といいます。「愛新」という名前は聞いたことがないと思いますが、愛新覚羅溥儀の先祖の名前です。「あいしん」は、アルタイ、つまり金という意味で、愛新覚羅は金（キム）さんという名前です。金という名前は「きん」「ちん」と発音します。「清」も、「きん」「ちん」の発音をただ「清」と書いただけです。結局、「後金」「清」と名前をつけても、もとは女真族の人たち、金さんの国なんです。

愛新覚羅のもとになった、清朝の最初の皇帝はヌルハチという人です。愛新覚羅家、金王族のふるさとは、ヌルハチの出身地である満州、マンジュ国です。「ヌルハチ」はいかにも男のような、変な名前です。調べると、ヌガットというんですけれども、ぬかり場のようなところという意味です。お菓子でも、ピーナッツとかチョコレートとか小麦粉をまぜてつくったバー状のヌガーがあります。ヌガー（まぜもの）が「ヌルハチ」の意味なんです。

紀元前からメソポタミアやアッカドではヌガッティーという食べ物を食べていました。トルキスタンとか、「スタン」がつく国の人たちもそういうものをつくって食べています。食べ物をつくるのは女性ですから、食べ物の名前は普通、女性につけられます。「ヌガー」が「ヌルハチ」と表現されるのだから、ヌルハチは女性だったのではないかと私は思っているんです。「ヌガー」は別な言い方で「ハルタ」とか「ハルヴァ」といいます。満州国の中心地はハルタと言いますから、名前がちゃんと残っているんです。

サマリア人による口封じと歴史の改ざん

河野　満州、北朝鮮は、明治以降、日本にとってすごく大事になりました。

宮古　漢民族はヘブライ人です。ヘブライ人が漢民族を名乗りました。元から満州になって、金王朝、清王朝の愛新覚羅一族の人たちは、漢民族の正体がヘブライ人であることを知っていました。明治維新をやった人たちはヘブライ人だから、自分たちが中国に逃げてきたサマリア人であることを知っている人たちの口封じをしなければならない。だから、日本はどうしても満州を取らなくちゃいけなかった。自分たちが満州を占領して、満州にいた人たちを満州事変で殺してしまったんです。清の西太后の一族も全部殺しました。

河野　出自がバレないようにという理由があったんです。拡大解釈していくと、明治天皇は実は2人いたと言われています。1人は田布施の大室寅之祐（おおむろとらのすけ）です。もう1人は津山の箕作奎吾（みつくりけいご）で、不思議なことに、「八つ墓村」のモデルになった「津山三十人殺し」という事件が起きました。あれは秘密を知っている人を殺したのかなと。

宮古　自分たちの仲間の口も封じ、愛新覚羅一族も皆殺しにした。傀儡皇帝に立てられた愛新覚羅溥儀も結局は愛新覚羅一族の人間ではなかった。李氏朝鮮もそうです。偽史シンジケートの柳田國男が中心になって、中国の歴史と朝鮮の歴史をすごく改ざんしてしまったんです。

河野　伊藤博文、山県有朋、柳田國男。柳田の弟子の折口信夫はやっぱり学者肌だったのか、反発したところも見受けられます。

宮古　漢字文化圏だったはずなのに、朝鮮半島の言葉は結局ハングルだけになってしまったし、ベトナムもフランスの植民地になって、漢字はもう使えない。中国大陸の漢字だって、今は日本人があまり読めない簡体字になっています。漢字が使えるのは台湾だけです。

河野　台湾は繁体字の漢字を使っていますから、日本と大体同じです。

宮古　離間工作でそういうふうにしたんです。

河野　漢字が読めると、朝鮮半島にしても、ベトナムにしても、ほんとの歴史がわかってしまうんです。

韓国、朝鮮の人たちは、ハングルになっちゃったんで、今、自分の名前ぐらいしか漢字で書けません。ハングルは、日本で言えば片仮名のような記号の世界ですから、文字に意味を読み取ることができません。パッと見て意味がすぐわかる便利な漢字が、朝鮮、ベトナム、さらにラオス、ビルマのあたりでもなくなってしまいました。

宮古　漢字文化圏だったところはもともと支那と言われていました。でも、「支那」という言葉も、侮蔑の言葉ととられるようになって、使われなくなってしまいました。

河野　China だから、「しな」なんだけどね。

覚者の優しさにつけ込んだ人食い人種

宮古　お話ししたように、ヘブライ人、つまり人食い人種のサマリア人が、自分たちが幅をきかせるために、どんどん自分たちに都合のいい世界をつくっているという感じです。

河野　日本に来ると、「サマリア」が「さむらい」に変わります。「源平って何なんでしょうね」という話になってくる。

宮古　神籬(ひもろぎ)については前にもお話ししたと思いますが、肉をバラバラにして焼いて食べるというのが「ひもろぎ」の意味で、それを分けるのを「ふく」と言います。福をもらうというのは、焼いた肉をもらったという意味です。

河野　「福」自体も「ひもろぎ」と読みます。何が福なのか。

宮古　第8章でお話ししたように、チャクラを開いて心身ともに成長させていくことが、人間の真っすぐな、素直な生き方だと思います。ヘブライの人たちはそういうものに逆らって生きているんです。とにかく自分たちは努力しないで、誰かが努力したものをかっさらって生きる、それがヘブライです。

ヘブライ人は、そう呼ばれる前はアピル人と呼ばれていました。「アピル」は草原の略奪者、草原の泥棒、犯罪人という意味で使われていた言葉で、アピル人は中東ではすごい嫌われ者です。彼らは自分たちを正当化するためにどんどん悪いことをしていきました。彼らの周りにチャクラが開いた人たちがいても、そういう人たちにはアピルも許容してしまうようなちょっと弱い部分があり、その弱みにつけ込んで、つけ込んで現代に至っているという感じがします。

河野　チャクラが開くと、いい人になりますからね。

宮古　チャクラが開いていって、人に対して優しい親切な気持ちになっていくと、自分たちを攻撃するバカな人間に対しても哀れに思って優しさが出ちゃう。ヘブライ人はそれを知っていて、つけ込んでくる。しかも、彼らは演技がすごい。演技性人格障害なんじゃないかと思います。

河野　オーバージェスチャーと言えば、どこの人たちか大体思い浮かびます。

宮古　ユダヤ12支族は12カーストです。12支族全員が平等ということではありません。一番上のカーストは王族で、一番下のカーストは、死体を洗ったり、牛を殺したりといった作業に従事するカッパと言われる人たちです。ヘブライ（ユダヤ）、ゾロアスター、マニ教、イスラム教、チベット仏教、全てに共通する特徴はカーストがあることです。

もともと世界は、カーストがある人食い人種と、カーストがないチャクラが開いた覚者の人々との戦いというか、覚者の人たちは戦いたくはない。でも、あまりにも戦いを仕掛けてこられるから逃げて、最終的には逃げ切れなかった。今は戦いを仕掛けている者たちの世界になってしまっているんです。

河野　極東の島国・日本もそういうものにやられてしまったわけです。

宮古　イナゴのように食い尽くして、あとは日本しか植民地になるところがなかった。日本が最終的な植民地でした。江戸時代までは実は共和制的な社会だった日本が今は経済植民地です。

河野　日本はいまだに国連憲章の敵国条項の対象国です。隠されていますが、日本は独立していないということです。

宮古　日本が自衛隊を憲法に明記して、「これから武装蜂起する」と言った瞬間にもう負けている。だから、多分改憲しないと思います。ただ「する、する」と言っておどかしているのではないかと思います。ということで、2000年以上前にヘブライ人が入ってきて、その人たちがずっと日本に居続けるものだから、それが現代の日本にも100%影響しているんです。

ただ、今のところ、まだ防波堤があります。西日本では、「同和政策をして、それはない」と言っているけれども、今現在も差別がすごく残っています。東日本にはそれがありません。そのことが最後の防波堤じゃないかと思っているんです。

河野 東の日本は独立しましょう（笑）。西、特に九州とは分かれましょう。

宮古 九州は今でも差別がひどいです。

河野 ほんとにひどい。

宮古 関東では考えられないことですけれども、生活保護が受けられないのは当たり前のようです。向こうでは水際作戦の水際どころじゃなくて、ものすごく深い堀を掘って、「絶対に生保は受けさせない。おまえは風俗に行って働け」と言うような人が市役所にいるらしいです。そのぐらい扱いが違うんです。

九州は朝鮮と一体化していたから、すごく難民が入ってきて、もともとの日本人がいないんです。だけど、九州がなぜか「倭国」と表現されています。「倭国」は周辺国が日本の支配勢力に対して用いた呼称で、倭国という国は実はありませんでした。「倭国」の代表になっていたのが九州で、大宰府は迎賓館と呼ばれていました。

河野　我々東国の扶桑国からしてみると、倭国とは考え方が合わないです。

立て膝座りの菩薩像

宮古　神様、仏様は普通、中性であると言われています。だけど、観世音菩薩とか弥勒菩薩とか菩薩様は、胸を削って中性的にしていますが、立て膝で座っている菩薩像の場合、もとは女性であったはずです。立て膝で座るのは、朝鮮座りと言われていますが、女性の古来の座り方です。菩薩様が男だったらあぐらをかいていなくちゃいけない。古い菩薩像であればあるほど、女性である可能性が高いということが座り方でわかります。立っていたらわかりません。

金剛力士像は完璧に男性ですが、今のパキスタンの北西のほうのガンダーラ地方でつくられた菩薩像は、観世音菩薩も弥勒菩薩も、中性的だけれども、顔が何か女性的です。特にチャクラがあいた冠をかぶっている菩薩像は、その冠自体が女性、クイーンのかぶるものなので、女性です。

河野　関東北部から福島にかけて、塞(さい)の神(かみ)のおんば様、あんば様の信仰が多く見られます。

宮古　それらの像は全部立て膝の女座りをしています。

感性の鈍化とアセンションブーム

河野　最近ツイッターでアセンションばやりです。「覚醒が近いです」とか「アセンションが近いです」とか、NESARA/GESARAとか、そういう話題が山ほど言われているんですけれども、そういう話には何の根拠もありません。

宮古　NESARA/GESARAは、それをやって困るのは支配層ですから、支配層が変わらない以上、起き得るはずがない。早くこの世を何とかしたいという気持ちが強くて、そういう妄想的な救済の話をちょっとすると、砂糖に群がる蟻のように飛びつくという感じですね。

河野　メシア信仰か何か知らないけれども、そういう根拠のない甘い言葉に弱いですね。調べていくと、全く根拠がないし、つじつまが合わないことを平気でツイートして、世の中を惑わせているとしか思えないです。

宮古　地に足がついていない間違ったスピリチュアルというか、そういうものに行ってしまう人が20代か30代あたりに多いように感じます。

河野　「半霊半物質の人間になるのだぞよ」とか言っているけれど

も、じゃ、半霊半物質とは何なのかと突き詰めていったら、誰もわかりません。半霊なんて、「あんた、幽霊になりたいんですか。幽霊になって何が楽しいの？」という話になりますよね。肉体がなくなって、おいしいものを食べたりできない。私は「今の季節、運動会もできないぞ。柿も食えないぞ。書道もお絵描きもできないぞ」とツイートしたんだけど、そういうところがわからないんだよね。

宮古　毎日の日常生活は、女の人だったら、朝起きて、ご飯をつくって、洗濯をして、掃除をして、それから仕事に行って、帰ってきてというふうなことで、特に変わったところはないようなんですが、実は同じ毎日の中にいろいろなことの発見があるはずです。そういうことを見出せなくて、「わっ、すごい！」と何か急に気持ちが上がるようなものを求めすぎなんです。それに、自分ではやらないで、やっている人を見て「いいな」と言うだけで行動性がない。しかも、その人が簡単にやっているように感じてしまう。それをやるためにその人はコツコツ努力しているはずですが、そういう努力のようなことはあまり見たくない。簡単に成功したいみたいな。

河野　結果だけ求める。例えばホリエモンとか、元ゾゾタウンの前澤さんとか、大儲けした人がカリスマになっちゃっていますが、実は裏に莫大な資金を出しているグループがいるんです。そういうところを読まずに、成功という結果だけを見るわけです。

宮古　結果だけしか見ない人たちは感性が雑なんです。例えばイチゴジャムがあるとして、このジャムをつくった人は、材料になるイチゴの苗からつくっているかもしれません。そういうふうに手間をかけること自体の喜び、例えばイチゴが赤く大きくなっているのを見て楽しいとか、それを摘んで自分でジャムをつくるときの喜びとか、そういう小さな喜びを感じる力が弱い。いろいろなことをやるにしても、小さいことを感じないと積み上げられないんです。何でもあっという間に簡単にできちゃう時代だから、育てる喜びを知らないということなのかな。

河野　みんな家庭菜園を少しでもいいからやればいいんです。種をまいて、芽が出て、虫が来たから虫を取って、実がなったり、根っこや葉っぱが大きくなって、それを最終的には食べる。食べたら、スーパーで買うよりはるかにおいしい。スーパーや「道の駅」でパッと買えるんですが、自分でつくってみると、また別な喜びがあります。植物が育つ過程もわかります。

宮古　きのうテレビをチラッと見たら、「トリニクって何の肉⁉」という不思議なテレビ番組をやっていました。初めて見たんですけれども、「枝豆の次の過程は何になる？」というクイズがあって、枝豆の次は大豆になるという答えを2割ぐらいの人しか知らなかったんです。

大豆を暗いところで育てるとモヤシになる。そういう小さいことを、なぜかわからないけれども知らないんですよ。私たちが育ったころはそういうことをすごく知っていました。別に誰に教わることなく、見て「そうか」と思っただけの話です。今は製品化されたものしかわからない。そこから感性が雑になっていく。感性が雑になった人は、極端な、衝撃的なものでしか喜びを得られないんです。

鈍感になっていると、ギュッとつねると「痛い」とわかるけれども、ちょっとさわったときは「えっ、さわってるの？」と、わからない。今そういう人がふえてきているのではないか。もちろん逆に、イチゴジャムを手づくりしたり、ハチミツをとったり、自然に帰っていく人もいます。うちもニホンミツバチからハチミツをとったり、枝豆をつくったりしていますけれども、世界がものすごく分かれていて、自然に帰れない人たちの反乱というか混乱というか、そういうものが犯罪のほうに行っているような危険が感じられて、甚だ恐ろしい気がします。

何も教えてもらえないような世の中になったからというか、何もしなくても買えるからなのかもしれないけれども、死を招くような虐待を子どもに加える人たちは何の喜びも感じていない。わかっていて止められないという神経のありように対しても、周りがどんどん鈍感になって、「あの人は変わっているからそうなっちゃったんだよ」と言ったりする。ある意味、今は最高に危険な社会になっているのではないかと感じます。

河野　覚醒とかアセンションは、今ツイッターではやっているけれども、畑も耕さないでできるわけがない。自分で経験しないとムリです。

宮古　朝日や夕日、星空や月を見て、きれいだと思って外に出るような人でないと、まずそっちの方向には行けないと思います。

河野　今は秋で稲刈りの真っ最中ですけれども、田んぼが黄金色に変わっていくのを見て、「ああ、すごいな」と思えるような感覚じゃないとアセンションなんかしません。

第10章

海面が上昇している?

地球の直径と海進の関係

宮古　人間は自然の中の一部として生きています。自然の中に溶け込んでいるんだというイメージを持たないと、自分中心の考え方では生きられません。その点で私がちょっと思っているのは、世の中にはすごく事故に遭う人と遭わない人がいます。自然と人間は、自分は自然の一部として生かされている、そのかわり自分も自然に貢献しているというふうにお互いにバランスをとっていて、そのバランス感覚を持っている人は自然に逆らわないから危険回避能力がある。危ないところには行かないほうがいいと自然に感じ取って、そうそうひどい目に遭わないのではないか。

今は自然な生き方ではなくなってきていますから、そういうバランス感覚をなくしている人が多くて、わざわざ行かなくてもいいのにと思うようなところになぜかわざと近づいていって、危険な目に遭う。それも目覚めの1つのやり方かもしれないけれども、「運がいい、悪い」という言葉では表現し尽くせないことがあるように思います。波長の問題ですけどね。

河野　関東・東北の人はみんな2011年に3・11を経験しています。それでもマンションを買って住むという感覚が私にはわからないんです。停電になって水もないという同じことを災害のときにまた繰り返す。なんでそんなところに住めるのか。少なくともちょっとした郊外の地べたに住んだら、トイレだって、簡単な話、穴を掘ればいいし、水だって、その辺に川があって、簡単にくめます。それでも東京がよくてマンションを買って住むという人たちは、間違いなく覚醒しないです。

宮古　それよりも、海進するんで。

河野　ああ、その話があったね。できれば標高60メートル以上のところに住んだほうがいいです。

宮古　縄文遺跡があるところは、周りに水もあり山もあり、住んでいて快適なところです。そういうところにおうちを建てれば、子孫が住んだとしても何百年かは安全かもしれません。マンションを買いたい人は、縄文遺跡がある高台のマンションを買いましょう。

河野　海面が上昇してきているのは、南極や北極の氷が解けたからだという説もありますけれども、体積的に考えたら、せいぜい50センチとか1メートルぐらいのはずです。30メートルも60メートルも海水面が上がるのは、一番簡単に説明すれば、地球の直径が縮むからです。直径が小さくなると、海水はそのままですから、当然、海水面が上がります。だけど、約1万2700キロの地球の半径の中で30メートルや60メートル縮んでも、宇宙から見たら、何の変化も見られないほどの微妙な変化なんです。

宮古　地球は土と石でできているような感じだけれども、中は常に動いています。マントルがいつも対流しています。たまに噴火して地震が起きたりしますから、地球自体、どういう生物学的なものに所属するのかわからないけれども、呼吸しているはずです。そして、地球の中には、地下水も通っているけれども、多分どこかに凍った水もあるはずです。地球の中の水は、地球がちょっと縮んだだけで、もとの場所にとどまることができなくて、外にビュッと出る。そうすると、私たちからすれば１５００年に1回ぐらいかもしれない地球の小さな呼吸の間に海進するのではないか。60メートルからゼロメートルの間をずっと呼吸し続けているのではないかと思うんです。

そう考えると、私たちが今住んでいるところより奥が栃木県ですが、栃木県の奥に海に関係した地名があることの説明がつきます。海なし県の栃木県の人が幾ら海が好きだといっても、海から遠く離れた場所に海に関係ある地名はわざわざつけないと思うんです。

海進の痕跡

河野　那須の麓に黒磯という町があります。あそこは恐らく海だったときがあるのではないか。それは地質学で言う何十万年前とか何万年前の話ではなくて、我々のわかっている歴史、1000年前とかそのぐらいのスパンで起きているのではないかと思います。

我々は神社を回りながら、周りの地名も調べています。Flood Mapという便利なパソコンソフトがあるんで、それで今の海水面を60メートル上昇させてみたら、おもしろいことに気がつきました。

茨城県の場合、例えば水戸の田野に常磐自動車道のパーキングがあります。そこのすぐ隣に浜見台霊園があるんです（図1）。今の地図から言うと、大洗の海から15キロぐらい内陸の場所が「浜見台」という地名になっているんです。その付近の地名を追いかけていくと、やはり黒磯がありますし、磯部もあります。「磯」がつく海に関係する地名が標高60メートルぐらいのところにはたくさんあります。海水面が30メートル上昇した場合を見ても、同じように磯をあらわす地名がたくさん出てきました。

もともとは神社をめぐっているので、30メートル、60メートルの海面上昇のときにあった神社を中心に回ると、60メートルのときのほうが古い感じがします。30メートルはそれよりちょっと新しい。20メートルになると戦国時代ぐらいの感じがします。常陸太田市に薩都（さと）神社という延喜式内社があります。そこは国道349のすぐ脇で、地名が小中島といって、フラッドマップで海水面を20メートル上昇させると、もろに島になる場所なんです（図2）。ということ

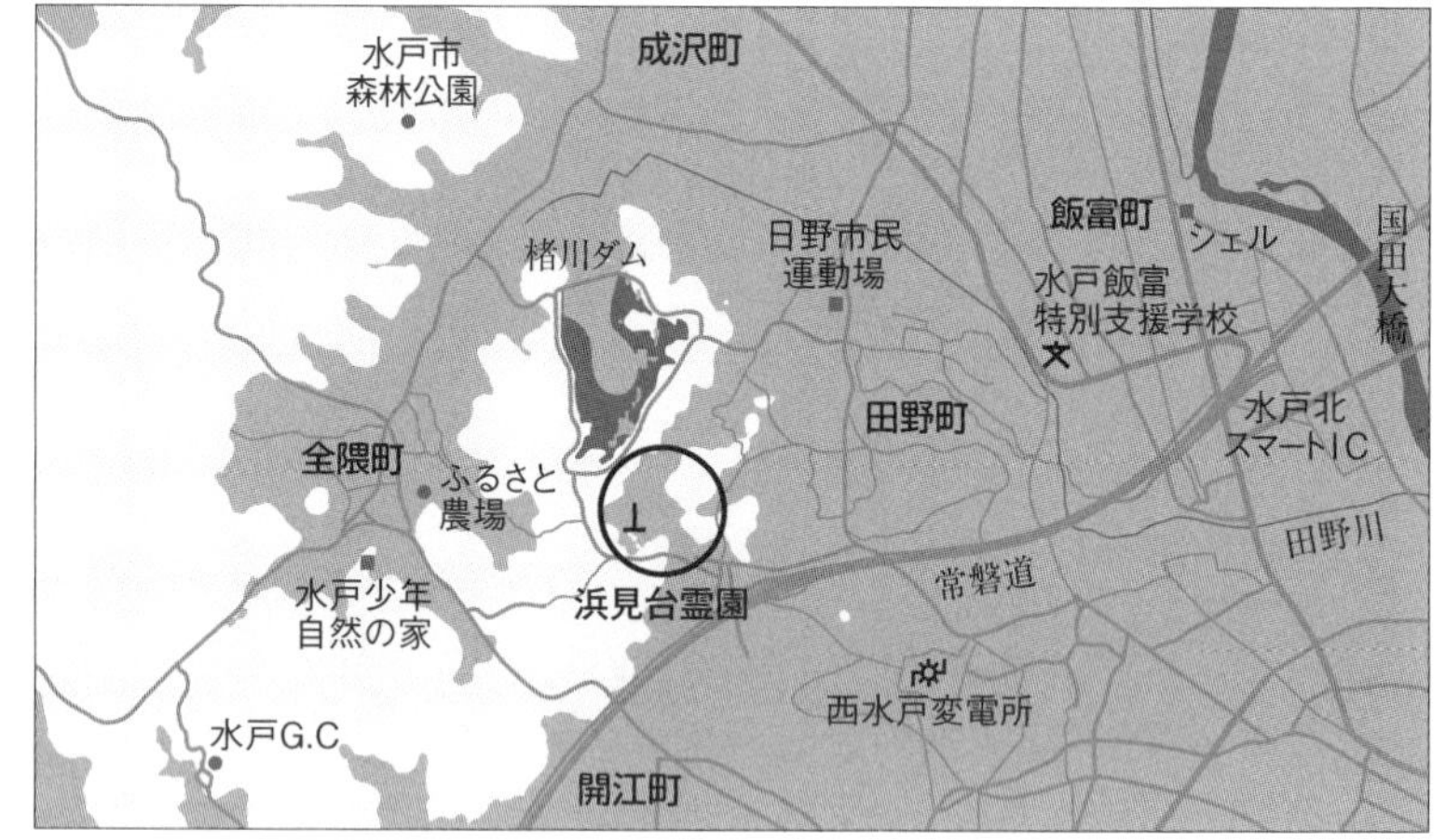

水戸市・浜見台霊園　＋60m（図1）

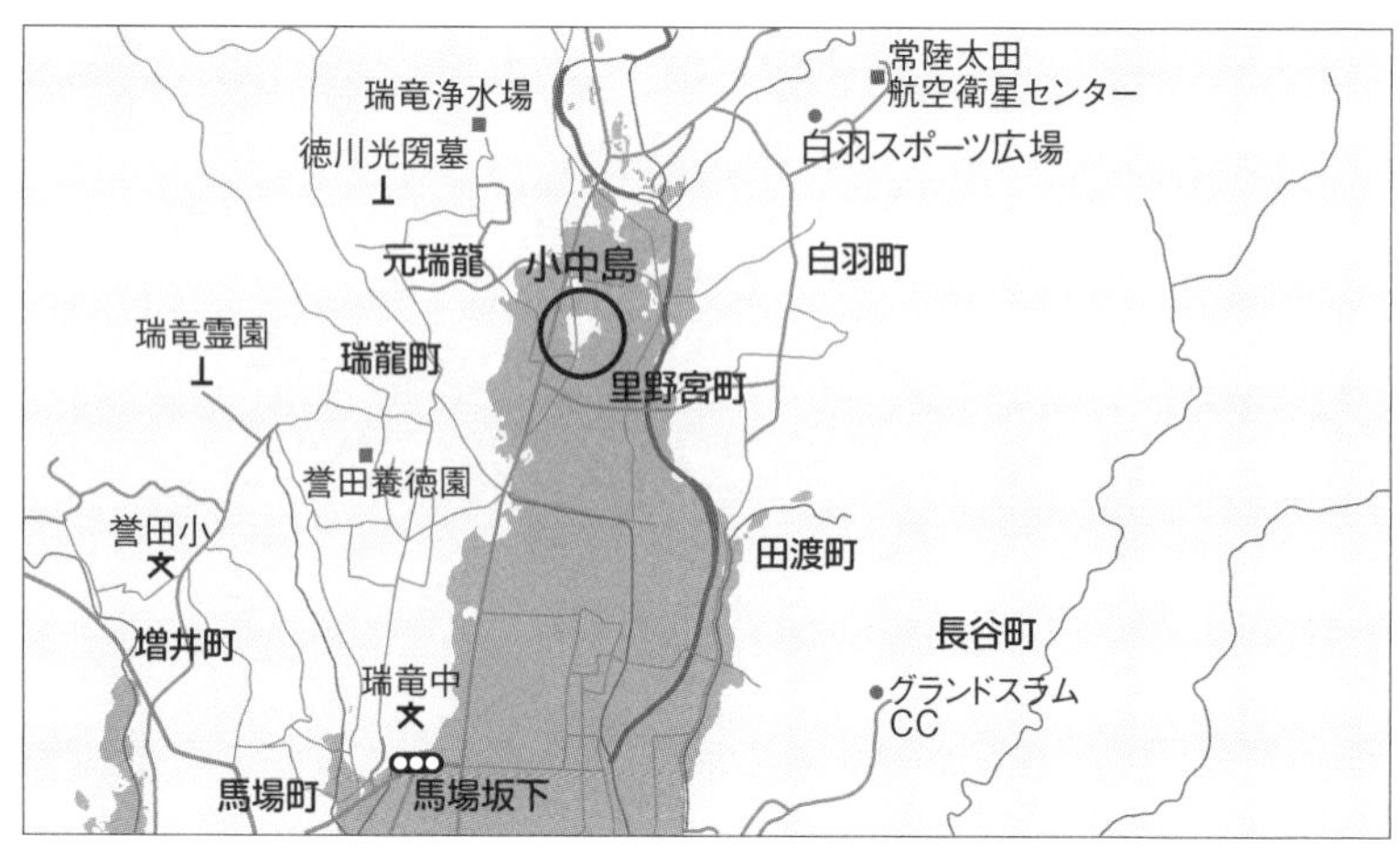

常陸太田市・小中島　＋20m（図2）

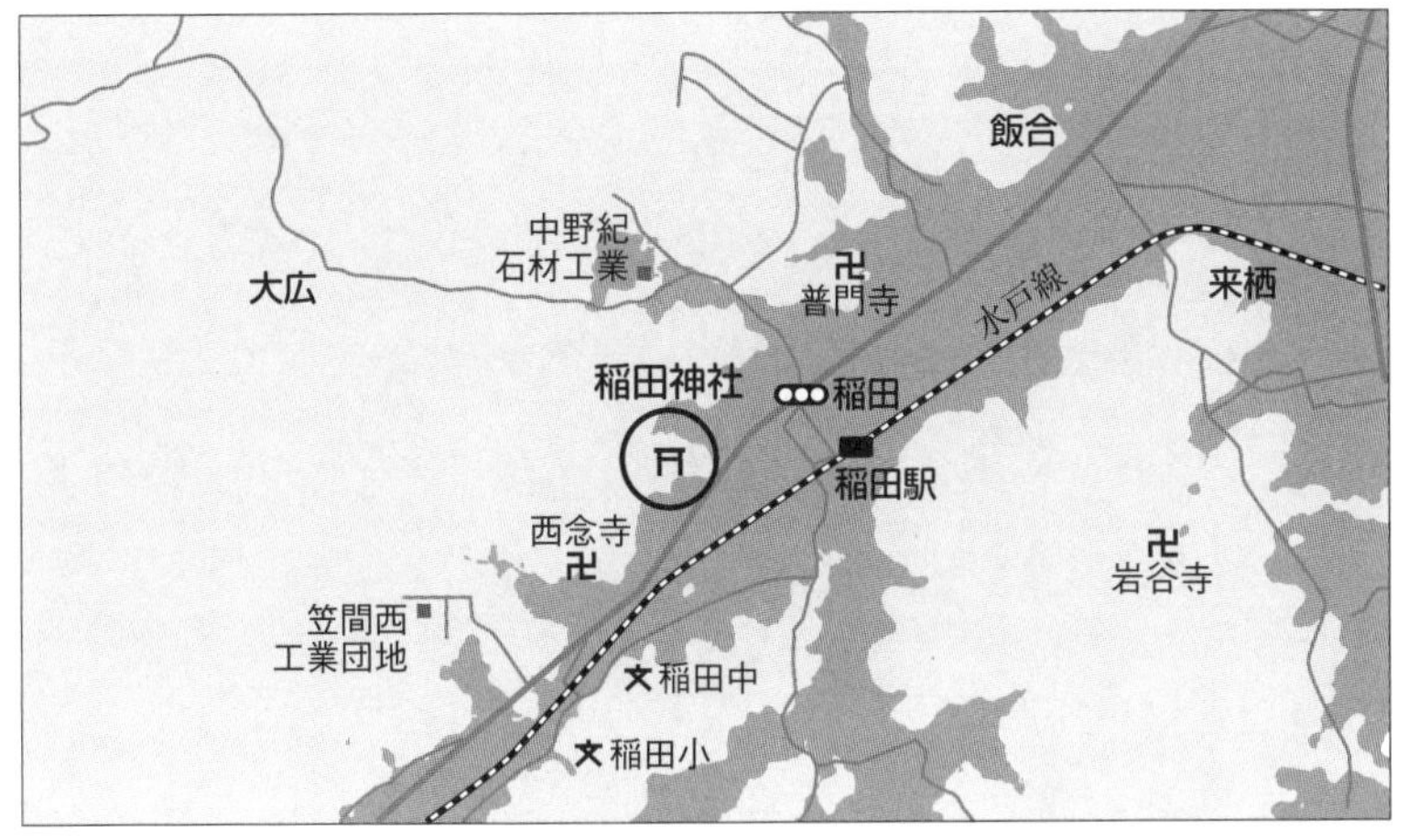

笠間市・稲田神社　＋60m

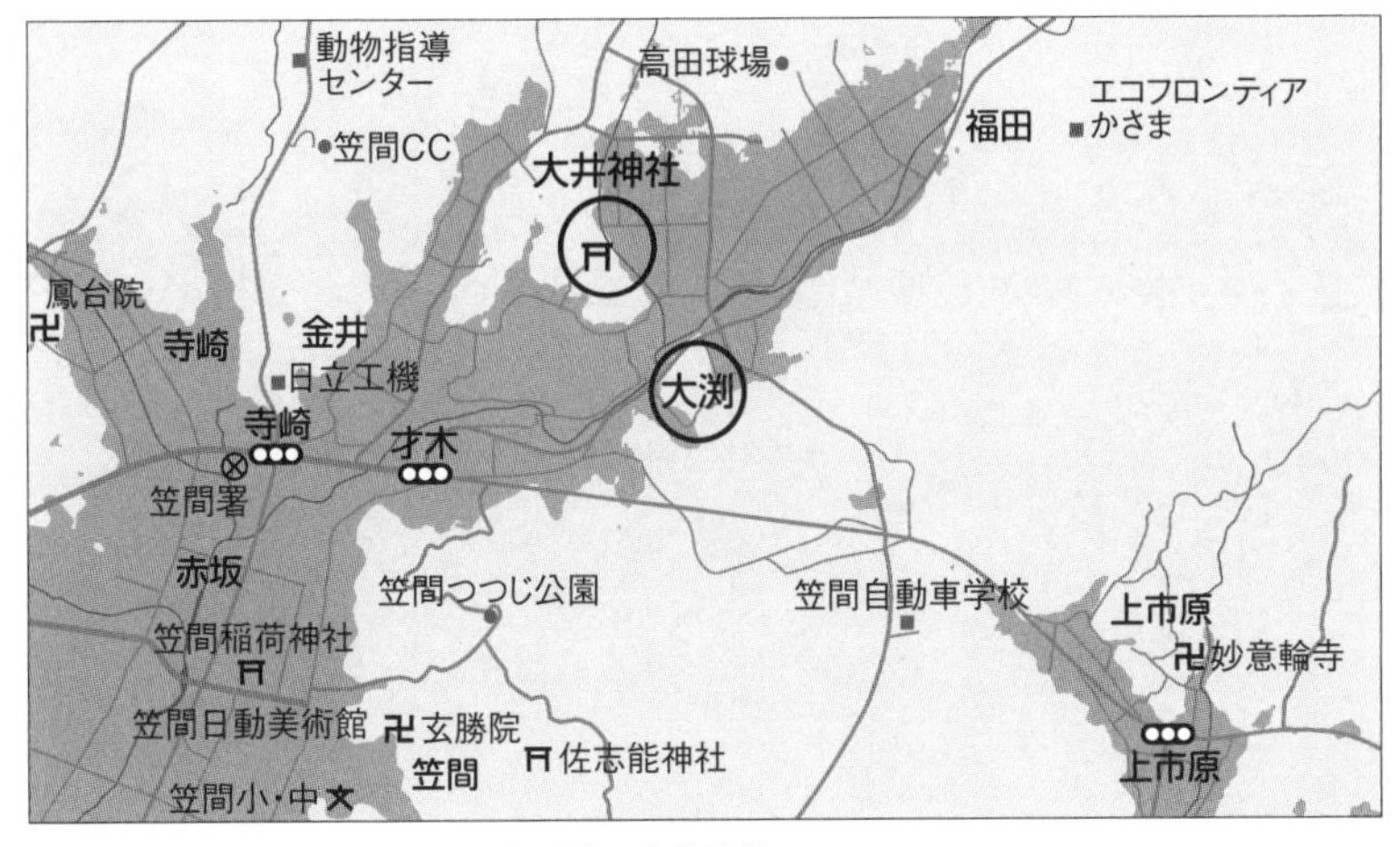

笠間市・大井神社　＋60m

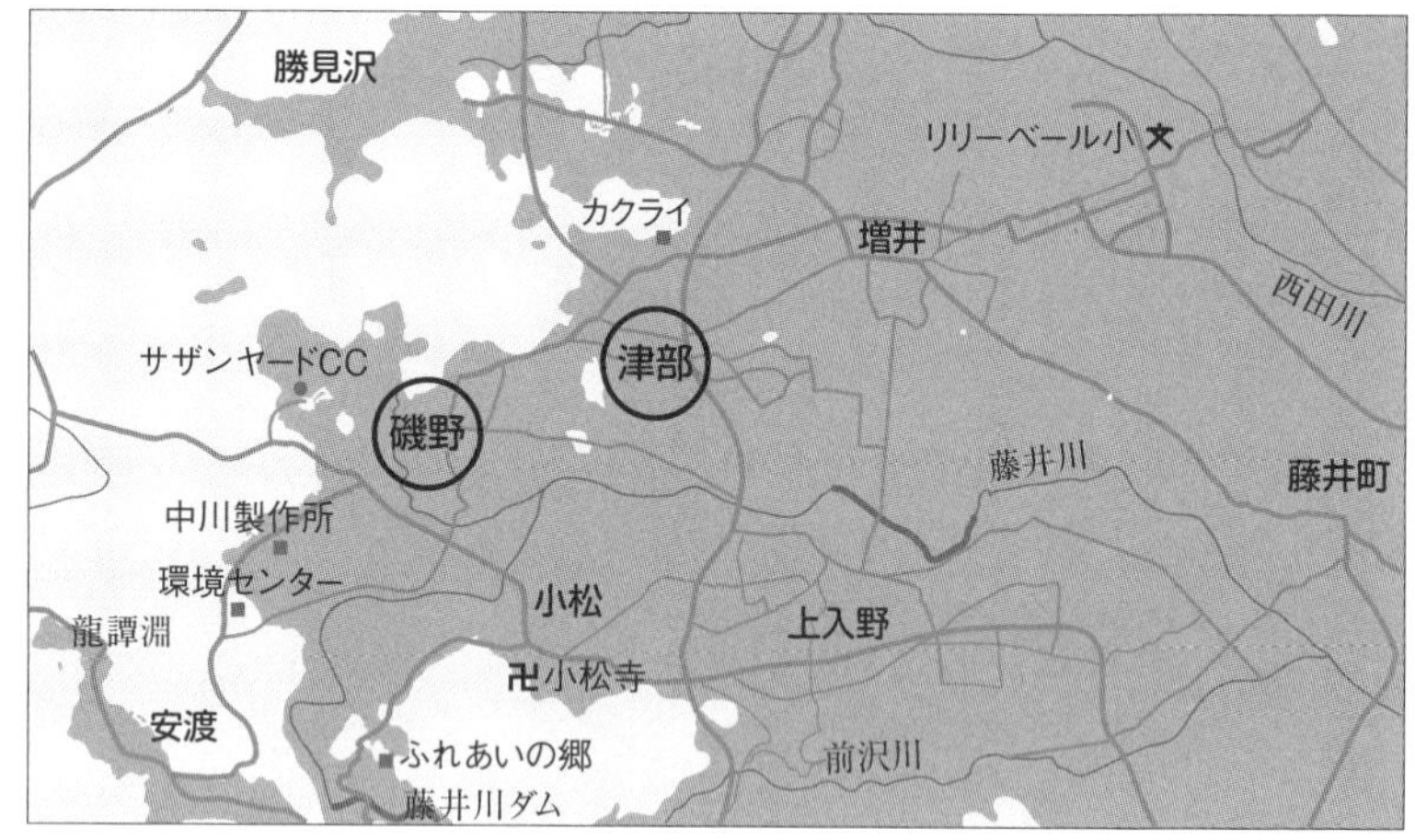

城里町津部・磯野　＋60m

水戸市・田島　＋60m

は、島をあらわす「小中島」という言葉を使うようになったのはそんなに大昔ではない。地名だけではなくて、神社の由緒書きを見ても、恐らく中世から近世にかけて島だったのだろうと推測することができます。

有名なところでは、『常陸国風土記』が本当に720年ぐらいに書かれたものかどうかは別として、その中に筑波山まで海が来ていたという話が載っています（図3）。高橋虫麻呂という人が、筑波山の裳羽服津というところに集まる男女のことを詠んだ歌を残しています。その歌はちょっといやらしい歌です。四六駢儷体というカッコいい漢文で書いてあるんだけれども、簡単に言っちゃうと、腰巻をはぎ取るという下世話な内容を詠んでいます。裳羽服津は地名になっていて、「裳」が腰巻、「羽服津」がはぎ取るということです。

そういうふうに海水面が少なくとも20メートル、30メートル高いと、今の東京は、千代田区から西側は多少残るけれども、あとはほ

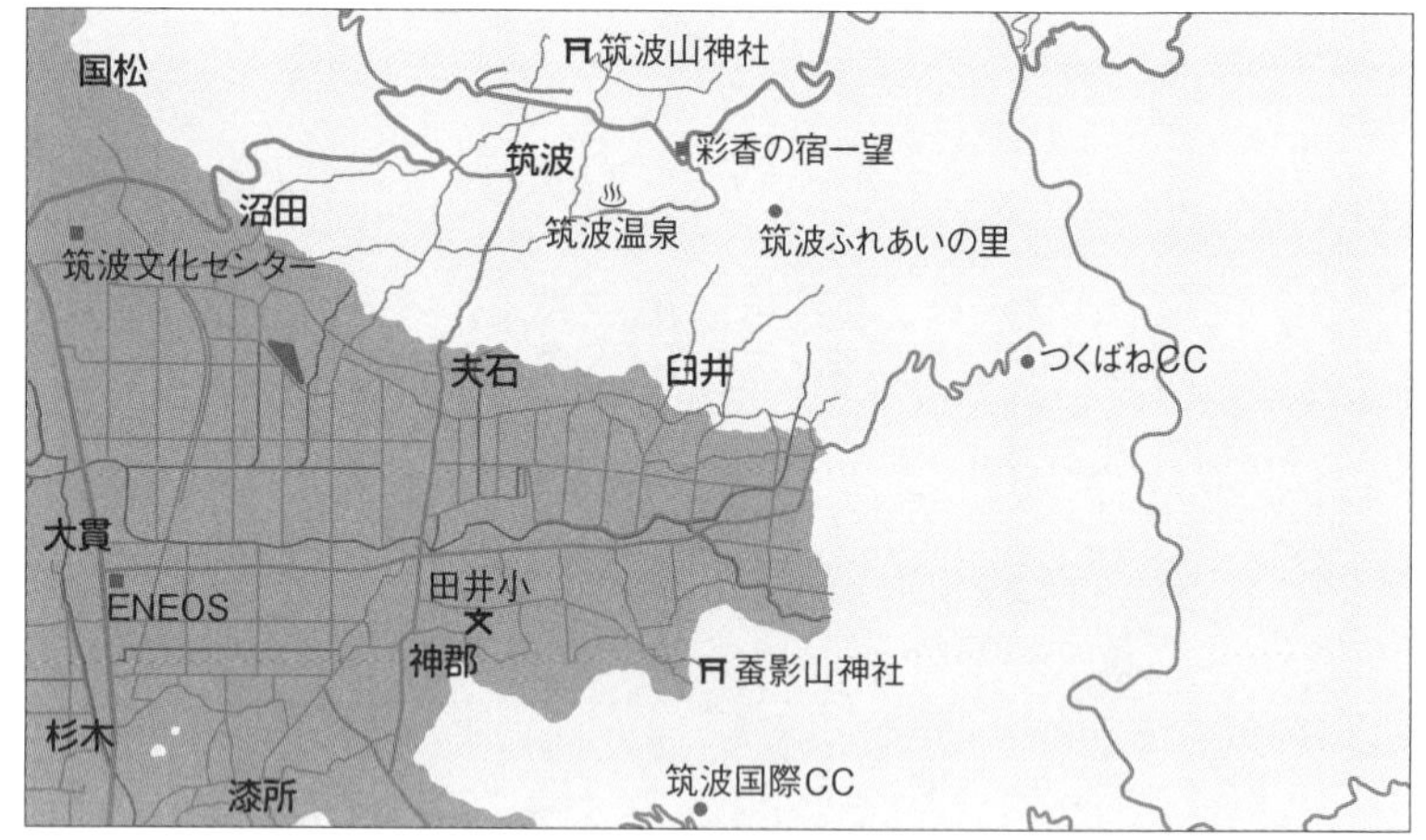

『常陸国風土記』の筑波山・裳羽服津（もはきつ）＋60m（図３）

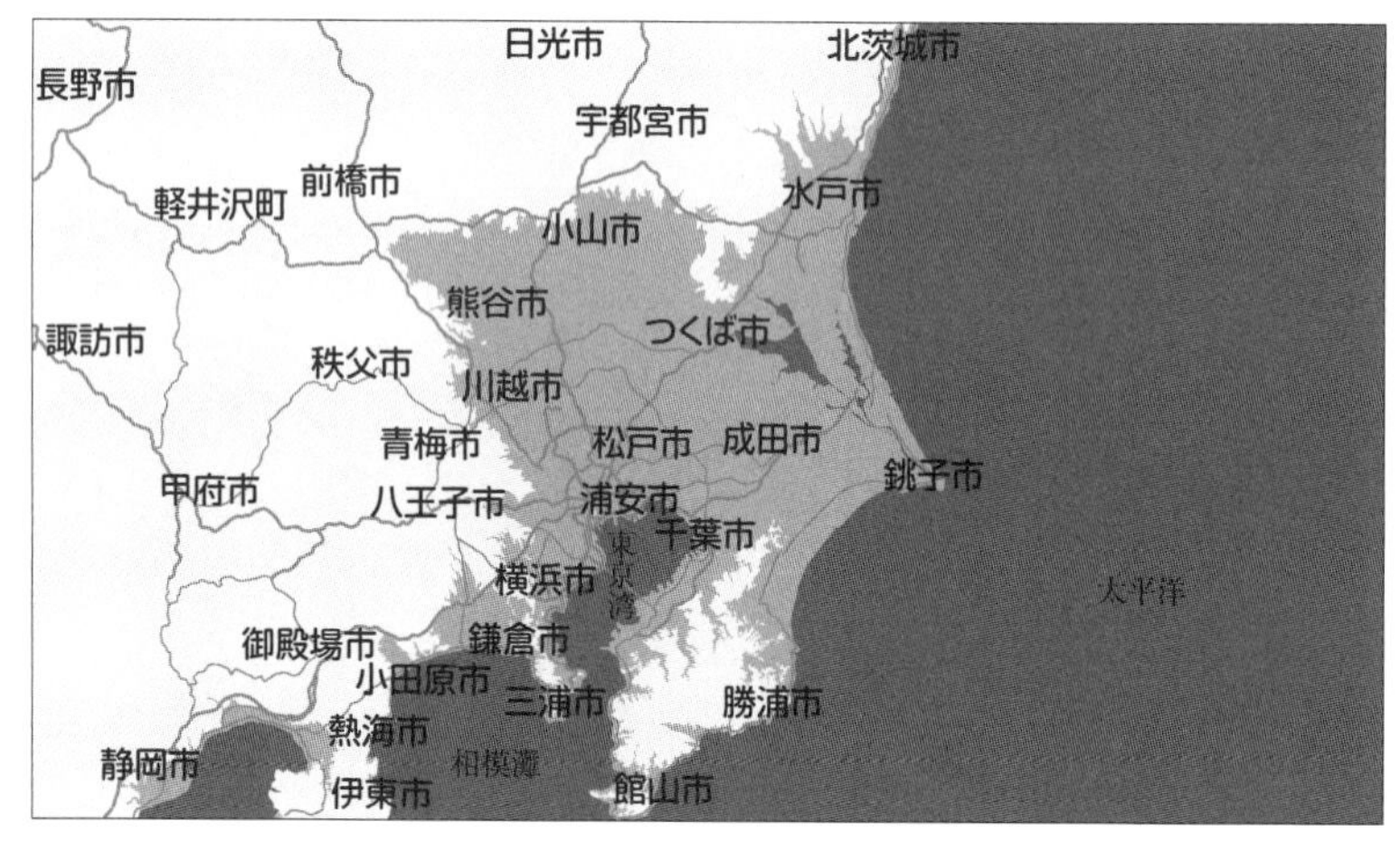

関東地方　＋60m（図４）

とんど水没します。足立区とか葛飾区とかあの辺、埼玉の見沼たんぼまでは20メートルぐらいで完全に海になっちゃいます（図4）。

宮古　東京で残るのは世田谷のほうです。高台なんで、世田谷に住んでください。

河野　高級住宅地（笑）。田園調布（大田区）も近い。

宮古　世田谷の辺は、歴史的にもともと人が住んでいた古い場所です。縄文遺跡があったかもしれませんが、そういうところは馬事公苑とか公園にしちゃっています。

河野　重要な場所は大体、国の公園とか、自衛隊の基地とか、ゴルフ場がつくられちゃう。

宮古　世田谷から多摩川のほうに行くと等々力渓谷があります。あの辺が昔からあるところなんじゃないかと思います。

河野　実は群馬県は昔、「せた」と呼ばれていたんです。

宮古　「せた」は、もともとアイヌ語だったかなと思うんですけれども、「高くて両脇に谷がある」という意味だと思います。世田谷は、60メートルの海進でも水没しないで残ります。ほんとにびっくり。渋谷は低くて、世田谷は急に高くなっているんです。

河野 海水面を60メートル上昇させると、世田谷は島になっちゃう。群馬県の近くまで海になって、高崎とか伊勢崎とかそういう地名は海進の名残です。海水面を上昇させると、結構な山のほうでも「○○崎」という地名が多いんです。普通の学者さんは、山のでっぱりを「崎」と呼んでいるという解釈をしているんですけれども、それじゃつまらない。そこまで海が来ていたと考えるほうがはるかにおもしろい。

第11章

令和に必要な人生観

偽史シンジケートによるウソの歴史が生きづらさをもたらす

宮古　新潟にも調査に行って、日本海側の上越市の神社で由緒書きを見たら、「ここは湖だった」と書いてあったんですけれども、湖であるはずがない。

河野　あれは海ですね。あそこは8メートルぐらいで低いんです。福島市の信夫山(しのぶやま)にある神社の由緒書きにも、信夫山の前まで湖だったという記載があります。あちこちにそういう伝承が残っていて、ほんとに水が来ていたのか来ていなかったのかボーリングでもして調べたいんですけれども、道具も何もないんで。

宮古　地学をやっている人たちがそういうことを調査してくれれば

いいけれども、彼らはやらない。ほんとのことがわかるようなことにはあまり触れない。

河野　大体、地学の先生に聞くと、20万年も30万年も昔の話しかしない。最近の話をしないからね。

宮古　最近のことはあんまり研究しないんでしょうね。タブーになっているんだと思う。

河野　偽史シンジケートの1つ。

宮古　日本全国どこでも縄文遺跡が残っているんですけれども、特に九州では縄文遺跡が出るのはダメらしいです。出ると埋めちゃうというのはほんとの話です。なぜか九州では縄文遺跡がタブーになっていて、ほんとのことがわからない。

河野　縄文ではないですが、国東(くにさき)半島のところに製鉄遺跡があって、実はその製鉄遺跡は、ある大学の先生が放射性炭素年代測定法で調べて紀元前600年のものであることがわかったんだけれども、その事実は完全に封じられました。

宮古　一回公表されて、やっぱりあれは間違いだったと論文が取り下げられたりする。日本の歴史を調べるのは、世界の歴史も変わっちゃうんで封印されているんです。

河野　我々はそこをあえて掘って掘って掘りまくる。

宮古　そうしないとほんとのことがわからない。いつまでもだまされているわけにもいかないんで。

私たちが学校で習った歴史はほとんどウソの歴史です。ウソの歴史が試験に出て、みんなウソの中で生きていると、人はどこかで行き詰まってしまいます。ほんとのことの中で生きて、その中で試していきたいのに、基本的なところがウソだと、結局、自然にウソをつかなくちゃならないんで、不真面目に生きている人は別にどうだっていいんですけれども、真面目に生きようとする人、真面目に生きている人にとっては生きづらい世の中になっちゃう。疑問を持てば持つほど周りからバッシングされたりするから、世間の人とは合わないなという思いを抱いて、自分独特の世界で生きなくちゃいけないとか、苦しい生き方になってしまうんです。

河野　不登校とかひきこもりになっている子は、もしかしたらそういう感覚を持っている子かもしれません。

目的に向かって努力する過程の大切さ

河野　歴史を調べていくということは、要するにそのときの政治を調べることです。そのときの人々の生活、生き方を調べることです。考古学的にはほとんど何も残っていないかもしれないんですけれども、想像の翼を広げて追求していかないといけない。我々はできるだけ本当の歴史に近づきたいと思っています。いろいろなことに疑問を持ち、自由に発言できるような国にならないと、終わります。アセンション、覚醒しません。

宮古 アセンションは個人的なチャクラが開くことです。全部個人の問題なんです。

河野 自分の意識がどこまで高まるかだからね。

宮古 チャクラが開いてくるに従って、人はだんだん自由度が高まってきます。自由度が高まって、自分の発想が豊かになって、パッと見ただけで「あ、こうじゃないかな」とひらめきが訪れる。そうすると、不思議なことにひらめき仲間が結構ふえるんです。オリジナルにいろいろなことをやっている人が「自分はこんなことをしている」と言って、そういうひらめき仲間が集まってシンクロのようなことが起きていく。それが精神の発達というか、スピリチュアル的に発達していくことなんじゃないかなと思います。

河野　あなたの発達過程を見るのはシンクロです。

宮古　共時しているんです、ほんとに。

河野　何かやったときに同じようなことが起きる。例えば2019年の9月に、国連で高校生ぐらいの人が環境問題についてスピーチしました。そしたら、うちでチラッと見ていたミステリー番組の主人公の名前がその人と同じでした。そういうことが起きるんです。

宮古　もともと正しいか正しくないかという判断はないんです。それが自分にとって必要か必要ではないかということがシンクロでわかる。ちょっと小さいことなんですけれども、うちの家の柱が猫のガリガリにより相当ひどいことになり、そこに板を張ろうということになって板を買いに行ったんです。そうしたら、「この板でいいんじゃないの」と言って買ってきた板がピッタリ合ったんです。

河野　巾を削らなくて済んだからね。

宮古　そういう小さなことですよ。

河野　共時性は、今自分がやっていることが正しいとか間違っているとかいうことじゃなくて、自分が求めている方向性で合っているか合っていないかの指標になるんです。そこで「正しい」「間違いだ」と言うから、二元論で「あんたはおかしい」とか始まっちゃう。他人には関係ないんです。自分がやろうとしていることが順調にいっているか、いっていないかの指標なんです。

例えば神様がいたとして、神様は唯一無二の存在だから、悪魔も何も全部神様がつくった。そしたら、「悪い」も「正しい」もないんです。正義と悪に分けちゃうのはおかしいです。そうじゃなくて、自分がちゃんと成長しているというか、自分が望む方向に行っているか行っていないかの判断基準の1つとして、偶然の一致、シンクロが出てくるのだろうと考えています。

宮古　同じようなことをしても、それが正義に捉えられるときと、正義に捉えられないときがある。いい、悪いだけでは結果をはかることができないんです。

河野　私が嫌いな言葉は「結果が全て」です。最後だけよければいいなんていう話、ないでしょう。何をやっているかというプロセスが大事なんです。例えばあなたが「こうなりたい」と思ったときに、そこに近づくために何をやっているか、この行動が大事なんです。最終的におまけとして目標に到達できればいい。到達できなくたって、やってきたことはたくさんあるんだから、プロセスのほうが大事なんです。

宮古　若いうちはそう思えないけれども、だんだん年を重ねるにつれて、そういうものだろうと悟ってくるかもしれません。

河野　結果はおまけ。結果だけ求めるから、一攫千金を狙ってだまされる人がふえちゃうんです。以前、仮想通貨のＴＬＣ（トゥルー・ライフ・コイン）の詐欺がはやっていましたね。

宮古　ＴＬＣはネズミ講的な仮想通貨です。一部上場する、上場すると言って売って、結局いつまでたっても上場しない。仮想通貨を使ったネズミ講詐欺です。

河野　あとはジンバブエの債券とかね。

宮古　悪いことをしようと思ったら幾らでもできる。でも、それにひっかからない人とひっかかる人がいる。そこは結局はその人の波動次第だと思います。

チャクラが開いた先にある大乗

宮古　蜂に好かれるか嫌われるかという場合、蜂を見て、ハチミツを食べたいなとか、蜂を飼いたいなと思う人の波動と、「うわっ、蜂。嫌だ」と思う人の波動は違うでしょうから、どっちかというと、

何に対してもあまり拒絶しないような生き方をしたほうが波動が高くなるのではないか。それはチャクラの動きが全てだから、今自分のチャクラがどういう状態で開いているのかを自覚することが一番だと私は思います。

河野　ちょっと真面目に仏教的に言うと、大乗仏教と小乗仏教があります。釈迦が始めたのは小乗仏教です。小乗仏教は、簡単に言えば、1人1人が悟りを求めることです。今のチャクラの話につなげれば、1人1人がチャクラを開いて、ある意味パーフェクトな人間に近づくことだと思います。

ところが、ある時期から大乗仏教がはやり出して、仏さんを頼っているだけでいいやという他力本願の世界になっていっちゃうんです。もちろん大乗仏教の親鸞さんや法然さんは偉いんですが、彼らの教えの上っ面だけ見て、簡単に「南無阿弥陀仏」とだけ唱えれば誰もが成仏できるんだから、努力はどうでもいい。「南無阿弥陀仏」

「はい、成仏できまっせ」という話になってしまうんです。

特に親鸞さんの教えは、平気で悪いことをする悪人も「南無阿弥陀仏」と唱えれば成仏できるんだから、善人は言うまでもないというふうに曲解されています。親鸞さんの言う「悪人」「善人」は勉強が必要な考え方だからおくとして、ほんとは自分がコツコツ努力しなくちゃいけないのに結果だけ求めるというのは、「成仏」という言葉もないんだけれども、それで成仏なんかできるわけがないんです。

本来は小乗仏教というか、1人1人が自分の進むべき方向に進んでいく。そこに「善なるもの」「悪なるもの」という言葉を使うと話が二元論の世界になってしまうんで、悪も善もない、自分がやりたいことをやればいいという話なんですけれども、そこに近づくためにはチャクラをあける。チャクラをあけて知恵がついてくれば、やって悪いこと、いいことの区別ぐらいつくんで、悪いことをしなくなるのは当たり前なんです。そういうこともわからないで、皆さん、いきなり覚醒ですか、いきなりアセンションですか、そういう話なんです。

宮古　結局、面倒くさいことを飛ばして楽なところに行きたいという気持ちなんです。人というのは、出かけていって修行するとか、いろいろなことをするのが面倒くさいんです。でも、体をどういうふうに使って動かして、それでよかったと自分が思わなければ変わっていけないというか、チャクラがあかないんです。

上位のチャクラがどんどんあいてくればあいてくるほど、いろいろなものが見えてきて、自分がそこで何をしたらいいかということが少しずつわかるようになります。最初は自分のことだけですが、だんだん人のことまでおせっかいして、そのうち「おせっかいじゃないよ」と言われるようになれば、それを大乗と言うのかもしれません。過程の問題として、小さい船から大きい船を自分が持つみたいな。そういうことが般若心経の英語版には書かれているんです。これを訳さない限り、般若心経がどういうふうに人にかかわっていくかということがわからないのではないかと思って、今、訳している最中です。難しくてまだ少ししか訳していませんが、訳し終えたら、皆さんに知らせたいと思っています。

般若心経が伝えるもの

宮古　般若心経は中身が数行ですが、臨済宗や黄檗宗は「お経は般若心経が基本だ」と言って般若心経を拝みます。禅宗だから意味を知っていると思います。般若心経はもともとサンスクリット語、日本で言う梵語で書かれています。「サンスクリット」は、サンスカ

ラー、太陽光線という意味です。サンスクリット語は、チャクラをあけるためだけに使う用語としてできています。チャクラをあけるためにサンスクリット語があるんです。

河野　サンスクリット語は英語に非常に似ていますよね。

宮古　第7章でもふれましたが、般若心経は、サーリという王女様に向けて語られた言葉です。シャーリプトラの「プトラ」は息子という意味ですから、今はサーリ王女すらサーリ王子と訳されています。よく考えたら、サリーは女の人の衣服です。サリーを着る男はいません。

河野　サリーちゃんといえば女性に決まっています。魔法使いサリー。私、カブです（笑）。

宮古　現代のサンスクリット語は古代サンスクリットからものすごく変えられているんです。私がシャーリプトラを女として訳すと、ほかの人から疑問が呈されると思います。そのぐらいサンスクリット語が違うんです。

河野　般若心経を見ていると、結局、修行だけしていてはダメだという話なんです。普通に生活することが基本であるということに気づくはずです。そこが一番大事なんです。

宮古　そうなんですよ。

河野　出家して坊さんだけの世界に入ったら世間知らずになってしまう。世間のことを知らずになんで覚醒できるのか。いろいろな人がいる世の中で普通に生活していくことが一番の修行なんだというふうにシャーリプトラに伝えているんです。

宮古　シャーリプトラにそう伝えているのは、アポロギータシュヴァラ（覚者、観世音菩薩）です。それは人生の先輩というか、王女であるサーリ姫が女王になる過程で、前の女王が心得として般若心経を伝えているという設定のようです。

河野　そんなに難しいことを言っていないんですよ。「普通のことを普通にしなさい」と言っているようにしかとれない。何が普通なのかがわからなくなっているのが現代で、人と違うのが当たり前でもいいんだけれども、少なくとも平均のところぐらいは知っておこう。その上でこういうことも知っていかないといけない。中心、偏差値で言えば50ぐらいを知って、偏差値20の人も、70～80の人もわかるぐらいの感じで自分のキャパを広げていくということだと思います。

宮古　「仏説摩訶般若波羅密多心経」（Atha prajna Paramita hrdaya sutra）というタイトルは、「太陽に向かう道」とか「太陽のプラーナを感じる心得」という訳になります。太陽をじっと見ていると、プラーナといって、小さな丸が光りながらクルクルしているのが見えます。これは能力に関係なく誰にでも見えます。そのプラーナが最初に脾臓のチャクラ、２番目のチャクラに入ってくるんですが、人間には小さな静電気が通っているから、その電気がプラーナを感じるんだよというのが般若心経が伝える心得なんです。

般若心経はまたプラーナには6つの種類があると教えています。その部分の漢訳を和訳すると、「空即是色、色即是空」という言葉しかありません。無から有が生まれて、有の中に無があるというわけがわからない訳になっているんですが、同じ部分の英訳では、あまり聞いたことがないと思いますが、サンヤタ（sunyata）という言葉が6つ出てきて、6つのサンヤタがあると言っているんです。こういうことを言っている般若心経は、チャクラとオーラの知識のある人には何となくわかるけれども、その知識のない人には全くわからない。チャクラとオーラの知識がなければ般若心経は絶対に訳せないというのがお話の締めです。

般若心経ローマナイズ

tha prajina Paramita hrdaya sutra
太陽の光（知恵）へ向かう道への心得
（チャクラを開ける心の旅への始まり）

Namas sarvajnaya.
心の声に従います
Aryavalokitesvara bodhisattvo gambhira yam Prajna paramitayam caryam caramano
太陽の王冠を戴く者は霊気（プラーナ太陽の気）を深くコントロー

ルすること

vyavalokayati sma panca skandhas tasca svabhava sunyan pasyati sma.

感覚を信じてカルマ（宿業）の実体をはっきりと見極めること

Iha Sariputra rupam sunyata sunyataiva rupam rupan na prthak sunyata sunyataya na

サリー姫　肉眼では見えない生体から発する微弱な6色の光（チャクラ①～⑥）が頭頂部で混じりあい黄金の冠型の光になり輝く

prthag rupam yad rupam sa sunyata ya sunyata tad rupan.

そのように光を感じて受け取り理解すること

evam eva vedana sam.jna samskara vijnanani.

それぞれの光を感じて観察すること

Iha Sariputra sarva dharmah sunyata laksana anutpanna aniruddha amala vimala nona

サリー姫　全ての真相は光の空間の中にあるから感覚を研ぎ澄ませて知恵と愛で理解せよ

na paripurnah Tasmac.

ひらめきと熟考

Chariputra sunyatayam na rupan na vedana na samjina samskala na vijnanam na caksuh

サリー姫　光の色、形、光線の加減、香りは目、耳、舌触り、味わい観念で本質を感じよ

Srotra ghrana jihva kaya manams na rupa sabda gandha rasa spratavya dharmah na

caksur dhatur yavan na mano vijnana dhatuh na vidya navidya na vidya-ksayo

目を継ぐ娘よ　意識の手で触り宇宙の明知を道案内にせよ

navidyaksayo yavan na jara-maranam na jara-maranksayo na duhkha

samudaya nirodha
悩み、苦しみ、病、死を超えた光の知識の世界へ出発せよ
margo na jnanam na praptir apraotitvad bodhisattvanam
prajinaparamitam asritya viharaty
正しい道とは太陽の知恵へ向かう道だ
acittavaranah cittayarana nastitvad bodhisattvanam prajnaparamitam
abhisambuddhah
我が心に響く贈り物（ギフト）を信じて太陽の知恵へ向かう道を歩め
tasmaj jnatavyam prajna-paramita maha-mantra maha-vidya-mantra
nuttara-mantra
それは太陽の智恵　偉大な真言　偉大な真言　究極の真言
sama sama mantras sarva-duhkha-prasamansh satyam amithyatvac
ca prajina-paramitayam

ukto mantrah tad
安らぐ安らぐ真言　悩み、苦しみを越える智恵の真理を
gate gate para-gate para-samgate bodhi svaha iti Prajina-Paramita
hrdaym-sutram
門よ　門よ　閉じた門よ　閉じた太陽の光の門よ　開かれよ　幸あれ　それは太陽の智恵に向かう心の旅（道の始まり）

般若心経ローマナイズの訳について

Atha prajñna Paramita hrdaya sutra

日本における般若心経の訳はさっぱりわかりません。

ないないづくしの般若心経に違和感を覚えました。

漢字の羅列を訳した筋道の通らない文章をさもすばらしい教えのように解説しています。それと「仏陀を信じてこの世の不条理は煩悩を消せば彼岸へと導かれる」と説いています。

仏陀という教祖によって支えられてることを仏陀は望んでいないのではないかと思いました。

それで般若心経を訳してみようと思ったのです。

少しずつサンスクリット語を訳していくとあることに気づいたのです。

特にいわゆる「ギャテーギャテー」のマントラの部分で決定的に思いました。
般若心経とはチャクラとオーラについて書いてあるのではないか？
チャクラとオーラの知識がない人には全く意味がわからないのではないか？
ないないづくしの般若心経ではありませんでした。
筋道が通ったストーリーになっています。
短い文の中に般若心経には秘密の仕掛けが隠されています。
それをわかるにはチャクラの知識がなければ解けません。

まず般若心経を書いたのはドラヴィダ人です。
ドラヴィダ人は韻を踏んだ歌をつくっていました。
ドラヴィダ人はインダス文明をつくり高度な文明を築いていまし

た。

もちろん芸術的にも秀でていました。
日本の和歌もその影響だと言われています。

般若心経の仕掛けはないないづくしの部分にあります。

舎利子　色不異空　空不異色　色即是空　空即是色　受想業織亦
複如是
舎利子よ　この世のあらゆるものには実体がない（空）がない
それは人の肉体や感覚でも同じことである

これが一般的な訳です。

しかし

ローマナイズを訳していくとあることに気づきます。

Iha Sariputra rupam sunyata sunyataiva rupam rupan na prthak sunyata sunyataya n a prthag rupam yad rupam sa sunyata ya sunyata tad rupan.

シャーリプトラは女性です。

これからチャクラとオーラについて学んでいく女王候補なのです。

血族で指導者を決める劣った中央集権国家と違い、人格と能力で決めるのが進んだ文明なのです。

Sunyata がこの文に6カ所出てきます。

6カ所チャクラが sunyata（太陽の光）を受けて輝く光（オーラ）をあらわしています。

それは肉体より発する微弱な光は肉眼では見えないので形も色も

ないのと同じだと書いてあります。

7番目のチャクラのことは書いてありませんが6色の光は頭頂部で混じりあい黄金の冠型に輝いています。

それが冒頭に出てくるAryavalokitesvara　太陽の王冠を戴く者（観世音菩薩）です。

サーリ姫はAryavalokitesvaraを目指して修行に入るのです。

その姫に対する心構えを言っている文章が般若心経なのです。

ha prajina Paramita hrdaya sutra

太陽の光（知恵）へ向かう道への心得

（チャクラを開ける心の旅への始まり）

チャクラとオーラについて知識がない人には永遠に理解できません。

チャクラとオーラが生物界全ての生命活動にかかわっていること

を理解できなければ魂の進化などあろうはずもないのです。

出家し過酷な修行をしても仏陀を信じてお経をあげても悟れません。

悟りとは日常生活の中でたくさんの人々と縁を持ち自己のふがいなさを冷静に見つめて生きる先にあるものだと思います。

繰り返しの生活の中で角がとれて丸くなることこそ大吾に至る道ではないでしょうか。

あとがき

宮古

百嶋神社考古学に出会い各地の神社をめぐりました。

百嶋先生の資料と神様の名前を調べていくと朝鮮半島や中国、中東、インドの歴史までつながっていきました。

今では世界中の言語を調べています。

言語がいかに世界を結んでいたのかがわかります。

隠された歴史探しを今後もしていくつもりです。

ブログを書きだして3年くらいして書籍化の話を頂きました。対談形式なので気楽に引き受けてしまい、言いたいことを思う存分話したつもりでした。

けれどなんだかまだ話し足りない感じです。

そんなわがままな我々のもとに遠路はるばる足を運んでいただいたヒカルランドの社長・志田さんと本をまとめてくださったスタッフさんに感謝申し上げます。

神社考古学を一緒に研究した野田市在住の力強い助っ人姉御にこの本を捧げます。

あとがきによせて

河野克典

インターネットで「丸に剣片喰の河野氏」の先祖探しをしていたある日、百嶋由一郎先生の系図にたどり着いた。

そこには、我々の地元の茨城県や栃木県の複数の神社が登場していた。

常陸大宮市の鷲子山上神社や常陸太田市の西金砂神社や大子町の近津（ちかつ）神社などである。

それ以来、何ものかに憑りつかれたように、茨城県北の神社を中心に現地調査を始めた。

その手法は一部では神社考古学と呼ばれており、歴史教育・研究の中でそれは理性的ではない扱いをされているようだが、文献主義による歴史の授業を受け、その内容に違和感を覚えていた私には百嶋系図はとても魅力的に思えたのだ。

何に違和感を覚えていたか。

それは、1万年以上にも及ぶ縄文時代の人間が、毛皮を着て竪穴式住居に住み、狩猟や採取で生活していたという説明や、『古事記』にしても『日本書紀』にしても、あり得ないような話をさも正史のごとく扱っている感じがしていたからであった。特に貴族の系統において異母兄妹の婚姻が当然のごとく行われ、親兄弟を殺害し、権力闘争を繰り返したことである。

それまでの何万年にも及ぶ歴史の中で、それがいかに合理的でないことであるかぐらい学習していたはずだという、人間に対する希望的観測でもあった。

地球上の生物は環境によって遺伝子を変化・進化させながら種の保存を生業としてきた。

ただし人間には進化した、それももちろん環境に適応した結果だが、大脳がある。それゆえに人間は地球上に誕生した最後の霊長類なのだ（今のところ）。

考える葦と言いかえてもよいかもしれない。

だから森羅万象を観察した、はずだ。だからこそ、火を使えるようになり、道具を考案し使えるようになり、土器をつくり、青銅器、鉄器をつくった。農業についてもしかりだ。

だから、近親婚では障害者が多く発生することぐらいは知っていたはずだと私は考えた。

人を殺せば自分に返ってくることは知っていたはずだと考えたのだ。

経験則である。

けれど、近親婚はまれに特別な能力を持った子を生み出す場合もあった。これを利用した一部の人間が宗教を考え出したと考えている。

それは「神」の誕生でもあった。

彼らは常にあがめられる特別な階級をつくり、「税」という制度を考案した。

不労所得者であることを気づかれないように、他集団の侵略から集団を守るようなパフォーマンスを始めた。武装をするのである。そして決まりをつくった。

これが「クニ」ではないか。掟ではないのか。

「神」と「クニ」は次第に人間を拘束した。それらを掟（法）の名のもとに支配するのだ。

それを自然法（常識）と実定法（掟）との違いではないかと私は考えたのだ。

「クニ」ができれば対立が始まる。他者を排除する。現代に続く戦争の歴史はここから始まる。

果たして人間に穏やかな未来はあるのか。

しかし人間は万物の霊長である。

必ずや理想的なシステムを生み出し、生きとし生けるものが、それら特有の能力をいかんなく発揮し、命を全うできる世界が到来することだろう。

そして我々は、地球上でさらに長い長い時間を紡いでいくのだ。

最後に、亡き百嶋由一郎氏に感謝の意を表する。

宮古　Miyako

スピリチュアルカウンセラー

32歳を境に突然人の前世が見えるようになり、現在では「菜の花カウンセリングルーム」を主宰し多くの方のご相談を受けている。

また、霊的な視点と経験から得た智恵による開運セミナーも定期的に開催している。

オフィシャルHP

http://nanohanacr.com/

ブログ

[龍族を探して]

https://ameblo.jp/nanohanacr/

河野克典　Katsunori Kawano

常陸国ふしぎ探検隊隊長

ブログ

[常陸国ふしぎ探検隊－それは天津甕星から始まった－]

https://ameblo.jp/kappa1959/

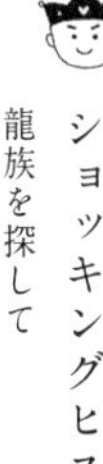

ショッキングヒストリー

龍族を探して

第一刷　２０２０年11月30日

著者　宮古
　　　河野克典

発行人　石井健資

発行所　株式会社ヒカルランド
〒162-0821 東京都新宿区津久戸町3-11 TH1ビル6F
電話 03-6265-0852　ファックス 03-6265-0853
http://www.hikaruland.co.jp　info@hikaruland.co.jp

振替　00180-8-496587

本文・カバー・製本　中央精版印刷株式会社

DTP　株式会社キャップス

編集担当　志田恵里

ISBN978-4-86471-920-9

イチオシ動画!

★破滅に向かう世界を救うただ一つの方法　若者たちへ告ぐ。未来を一緒に創ろう!

出演:池田整治、ドクターX、坂の上零
8,000円
195分

超感覚的能力を開花!「タオの宇宙」を極める《心の法則編》

出演:千賀一生
3,300円
88分

宇宙意識につながる覚醒セミナー

出演:中西研二(ケビン)、宮井陸郎(シャンタン)
12,000円
137分

ハートの聖なる空間から生きる―『ダイヴ! into アセンション』出版記念セミナー&瞑想会

出演:横河サラ
6,000円
110分